Introduzione al Mercato Azionario

Il tuo percorso di investimenti consapevoli

Finanza Futura

Finanza Futura è sulle principali piattaforme social. Seguici per notizie, curiosità e molto altro sul mondo dell'economia e degli investimenti.

Sommario

Introduzione

Finanza Futura è un progetto digitale nato nella prima metà del 2019 con lo scopo di offrire materiale utile per *tutti* sul mondo dell'economia e degli investimenti.

La finanza, il tema di questo libro, è una disciplina senza dubbio molto complessa. Non è solo *ampia*, nel senso che ricomprende al suo interno una moltitudine di tipologie di analisi specifiche, ma è anche *profonda*, ovvero, nozioni finanziarie apparentemente semplici si possono rivelare intricate e di difficile comprensione, se le si vuole comprendere fino in fondo. In merito alle scienze sociali e alla finanza, sono sicuramente di più le cose a noi sconosciute rispetto a quelle pienamente comprese. Ciò che non sappiamo è molto più importante di ciò che sappiamo, e man mano che la conoscenza avanza, si scopre di non conoscere un numero sempre maggiore di cose. Tenersi informati, provando a rimanere distaccati dai movimenti giornalieri dei mercati, è fondamentale per aumentare le probabilità di successo, ridurre il rischio e rimanere sereni nel tempo.

Crediamo però che tutti possano, debbano avvicinarsi al mondo della finanza: essa fa parte della vita di tutti giorni, spesso anche senza che ce ne accorgiamo, ed è giusto comprendere le sue basi per poter usufruire al meglio delle possibilità che offre. In particolare, gli investimenti possono offrire dei vantaggi ad ognuno, indipendentemente dal patrimonio finanziario disponibile, dall'età e dalle conoscenze tecniche. Negli ultimi cento e più anni, i mercati azionari hanno dato mediamente rendimenti positivi agli investitori di lungo termine, con fasi positive e negative alternate, e meno agli investitori di breve termine. D'altronde, speculare e investire non indicano la stessa attività. La finanza permette, in ogni caso, di avvicinarsi al futuro: le operazioni finanziarie, infatti, sono fortemente basate sulle aspettative degli investitori.

L'obiettivo principale di questo libro è quello di mostrare le *caratteristiche,* le *potenzialità* ed i *rischi* del mercato azionario e i suoi aspetti irrazionali ad un investitore individuale. Giovane o meno giovane, con un patrimonio ridotto o notevole, stabile o volatile, ognuno ha obiettivi di investimento diversi, e soprattutto, ognuno ha caratteristiche personali che influenzano le decisioni di ogni giorno, investimenti compresi. Bisogna utilizzare al meglio le proprie risorse finanziarie, seguendo criteri di *efficacia*, (che si focalizzano sul risultato da ottenere) ed *efficienza* (sulle modalità di ottenimento dei risultati).

Ci rivolgiamo quindi al pubblico degli investitori consapevoli di oggi e di domani. Investire in azioni ha dei pro e dei contro che vanno tenuti in considerazione. Per essere consapevole, un investitore dovrebbe conoscere nel dettaglio ciò che fa e perché lo fa, basandosi su una visione costruita

attraverso le informazioni disponibili, le attitudini personali e l'esperienza.
Chiaramente, per comprendere le potenzialità di tale mercato finanziario e scegliere *se* investire in azioni, è necessario capire, innanzitutto, il funzionamento del mercato stesso. In questo libro, abbiamo raccolto alcuni argomenti la cui conoscenza è senza dubbio necessaria e funzionale agli investimenti nel mercato azionario. L'obiettivo è anche quello di fornire delle basi di conoscenza che portino ad approfondimenti più dettagliati, con altri libri, corsi o ricerche. Per questo, alcuni concetti (che appaiono fondamentali per una comprensione del mercato azionario) vengono ripetuti svariate volte.
Il libro si apre con la storia dell'evoluzione del mercato azionario, importante da conoscere prima di investire per comprendere come anche in passato l'uomo abbia seguito una logica di analisi del rapporto tra rischi e profitti nelle sue attività. D'altronde, la natura umana si basa su regole sempre valide nel tempo. Segue la parte che descrive. Trattiamo, in seguito, alcuni concetti base di matematica finanziaria, indispensabili per comprendere il funzionamento dei mercati, così come alcune delle principali cause che muovono il prezzo delle azioni. Inoltre, descriviamo i fattori di guadagno delle azioni (*capital gain* e dividendi), gli obiettivi dei vari operatori di mercato, le strategie come *value investing* e *growth investing*, l'economia comportamentale e i rischi del mercato azionario.
Nella parte finale, ci concentriamo su

diversificazione, indici ed ETF, nonché sull'aspetto contabile di un'azienda e sugli indicatori che possono fornire all'investitore una base di analisi delle società in cui investire. In breve, consideriamo anche gli investimenti *green*, un tema sempre più apprezzato e trattato dagli investitori e non solo. Infine, esponiamo brevemente le caratteristiche degli strumenti finanziari diversi dalle azioni, così come gli intermediari attraverso cui è possibile acquistare azioni e/o altri strumenti, e le imposte da pagare.

Gli argomenti che abbiamo scelto di trattare, sicuramente importanti per la comprensione dei mercati, non sono sufficienti a garantire una comprensione completa dei mercati. La migliore scelta che può fare il lettore di questo libro è continuare ad approfondire le proprie conoscenze, in modo tale da poter affinare le strategie di investimento più adatte al suo profilo, attraverso uno studio costante e produttivo.

Nessuno degli esempi o delle definizioni, né alcun altro contenuto di questo libro è da intendersi come un consiglio finanziario o di investimento, e nessuna decisione di investimento andrebbe presa sulla base di queste informazioni. Lo scopo di quest'opera è esclusivamente didattico e informativo: speriamo di portare curiosità e consapevolezza sul mondo finanziario, ma sta al lettore assumersi le responsabilità per i propri investimenti. Non consigliamo nessuno degli strumenti finanziari citati, ma vengono nominati a solo scopo informativo.

Il mercato azionario può regalare emozioni positive e

guadagni, se affrontato con la giusta *forma mentis*. Tuttavia, può portare forti perdite se affrontato scorrettamente: i guadagni non dipendono solo dalla bravura dell'investitore, ma anche da una serie di fattori che sfuggono ad ogni possibilità di controllo del singolo. Il mercato azionario è rischioso e incerto.

Prima di leggere il libro, il team di Finanza Futura vorrebbe farti i più sentiti ringraziamenti per aver creduto in questo progetto ed in questo prodotto.
Speriamo che questa lettura possa contribuire alla formazione di investitori e, perché no, di persone migliori.

Capitolo 1.

Cosa sono le azioni e cosa significa possederle?

Un nuovo ristorante in città

A prima vista, senza conoscere il mercato azionario, investire in azioni può sembrare un'operazione complessa, sia dal punto di vista tecnico che per la necessità di ingenti risorse monetarie. Soprattutto in Italia, dove investire in azioni è considerato tanto rischioso quanto tentare una scommessa sportiva il cui esito positivo sia poco probabile, gli investimenti nel mercato azionario non sono ben visti dalla maggior parte delle persone. Purtroppo, questa visione sbagliata deriva da una pessima educazione finanziaria, molto diffusa nel nostro Paese: uno studio del 2018 della Banca d'Italia ha rivelato come più del 70% degli italiani possegga delle conoscenze finanziarie (su risparmio, finanza personale, e molti altri argomenti "base") inadeguate al livello economico del Paese, più del doppio rispetto alla media dei Paesi sviluppati. Ciò porta, oltre che molti altri problemi, una gran parte di coloro che

potrebbero investire in azioni a non farlo.
Invece, contrariamente a quanto si potrebbe pensare, il mercato azionario può regalare soddisfazioni anche senza che si possieda profonde conoscenze tecniche o enormi quantità di denaro da investire. Inoltre, *non* investire può rappresentare un *costo*: ad esempio, immagina di avere € 20.000 e di tenerli da parte per 5 anni. Se li avessi investiti, avresti potuto ottenere un profitto con investimenti semplici e relativamente poco rischiosi, anziché mantenerli "intatti", o meglio, in termini reali, ridotti a causa dell'inflazione. Questi risparmi non sarebbero rimasti integri: avresti perso, negli ultimi anni, circa € 600 in termini reali, ossia di "potere d'acquisto", il che rende non investire ancora meno conveniente.
Invece di evitare il mercato azionario per paura che sia troppo rischioso, o praticarlo come un passatempo per "fare soldi facili e veloci senza sforzo", è più opportuno avvicinarsi ad esso come ad una disciplina interessante e comprensibile da tutti, e che a tutti può portare un beneficio.
Il mercato azionario ha certamente delle proprie dinamiche particolari: comprenderlo non è impossibile, ma richiede tempo, passione e dedizione, anche se meno rispetto a quanto molti fanno credere. Tutti, di qualsiasi età e con qualsiasi livello di istruzione, reddito o esperienza, possono comprendere il funzionamento di questo mercato, e tutti dovrebbero, se non investire, almeno conoscere le possibilità, e i rischi, che esso offre, per poter scegliere in autonomia.

La prima domanda a cui si deve dare una risposta per potersi avvicinare al mercato azionario è molto semplice:

Che cos'è un'azione?

Un'azione è l'unità minima di capitale sociale di un'impresa. Essa rappresenta un'unità di partecipazione alla proprietà della società, che garantisce un insieme di diritti, connessi alla quantità di azioni possedute. *In primis*, con una maggioranza di azioni rispetto al totale, si possono influenzare le decisioni interne di una società. *Possedere delle azioni significa, quindi, essere effettivamente proprietari della società*, e si ha anche il conseguente diritto all'eventuale ripartizione degli utili conseguiti dalla stessa, proporzionalmente al numero di azioni possedute. Le azioni, come abbiamo visto, nascono proprio per far fronte alla necessità di trasferire rapidamente ed in maniera efficiente una parte della proprietà di una società attraverso il trasferimento delle azioni stesse sui mercati finanziari. Avere delle azioni significa essere realmente proprietari della società a cui si riferiscono, ma le azioni possono anche essere *vendute "allo scoperto"* (*Short-Selling*), una pratica che permette di guadagnare se il prezzo di un determinato titolo scende.

Inoltre, la presenza di mercati finanziari regolati, insieme al gran numero di azioni emesse dalle società in essi quotate, ha fatto sì che si diffondesse la proprietà *diffusa*: la proprietà, e quindi il controllo, di un'azienda viene frazionata in numerosissime quote, distribuite ad un gran numero di azionisti. Oggi, la maggior parte delle grandi società non è riconducibile ad un unico soggetto.

Abbiamo avuto un'idea di concept culinario apparentemente geniale, e vogliamo fondare, con altri tre amici, Aljamal, un ristorante di cucina fusion mediorientale in centro città. Con i soci, decidiamo quindi di dividere in parti uguali l'investimento necessario per avviare l'attività. La legislazione italiana ci permette di fondare una società per azioni (S.p.A.), e di esprimere le nostre rispettive partecipazioni alla proprietà del ristorante mediante uguali quote percentuali di azioni. Costituiamo la società attraverso il procedimento indicato dal codice civile, e stabiliamo, insieme agli altri soci che, a fronte di un investimento iniziale di € 100.000 ciascuno, ad ognuno di noi quattro spetteranno 1.000 azioni, (4.000 in totale), da cui risulta un valore (nominale) di € 100 per azione.
Una sera, dopo mesi di faticose spese per il locale e per l'inaugurazione, il ristorante apre finalmente le sue porte al pubblico, ed è subito un grande successo: il quartiere si innamora di Aljamal e in poco tempo il passaparola porta ad un forte aumento delle prenotazioni. Dopo qualche mese, il fatturato è quasi al limite strutturale e la richiesta per il ristorante è diventata troppo elevata per non pensare ad un'altra apertura, nel quartiere adiacente, del secondo Aljamal. Decidiamo così di proporre questa

iniziativa agli altri soci, esattamente ad un anno dall'apertura del locale. Due di loro, evidentemente emozionati dall'idea di un altro ristorante, accettano subito, ma ci accorgiamo immediatamente che l'espressione del terzo socio non corrisponde affatto a quella di chi vuole cimentarsi in una nuova sfida imprenditoriale. Fortunatamente, però, si mostra disponibile a cedere a noi altri soci la sua quota della società, chiedendo in cambio € 170.000. Avremmo voluto offrirgli € 120.000, e lui sostiene anche di farci un prezzo amichevole!

Il caso di Aljamal è piuttosto semplice: i soci, fondatori e proprietari, si conoscono tutti tra loro, si sono impegnati in un progetto comune ed utilizzano le possibilità offerte dalle azioni per poter gestire la loro attività in maniera efficiente ed organizzata. Aljamal non è quotato in borsa: le sue azioni non vengono negoziate sui mercati regolamentati, ma hanno comunque un valore determinabile e possono essere trasferite da un soggetto ad un altro. L'esempio di questo ristorante di cucina mediorientale serve per spiegare uno dei concetti più importanti di questo libro. Non importa che si tratti di un piccolo ristorante o, ad esempio, di un'enorme società farmaceutica internazionale con centinaia di migliaia di dipendenti: le azioni, in entrambi i casi, hanno caratteristiche comuni e definite.
La prima caratteristica delle azioni, e la più importante, è che esse rappresentano la *proprietà effettiva* di un business. È molto semplice: meglio va

il business, più alto sarà il valore (e quindi il prezzo), delle azioni. Il significato di questo “meglio”, però, non è sempre scontato. Determinare correttamente il valore intrinseco di un’azienda non è per nulla semplice, e spesso gli operatori del mercato hanno opinioni molto diverse tra loro (come noi e il socio che vuole cedere la sua quota di Aljamal). Vi sono, in ogni caso, delle regole, abbastanza “naturali”, che permettono quantomeno di stimare il valore di un’impresa e delle sue azioni. Vediamo alcuni parametri che possono permetterci di inquadrare una società nel suo complesso.

Azioni *è* business

Preferiresti, da azionista di una società, che essa fatturasse € 1 milione all’anno, oppure € 2 milioni?

Verrebbe da dire la seconda, ma la risposta corretta è *dipende*. Pensiamo alle società petrolifere, automobilistiche o della vendita al dettaglio: sono queste le società che fatturano più di tutte, grazie ai loro altissimi volumi di vendita in tutto il mondo. In linea di massima, però, non sono queste le società maggiormente valutate dal mercato, bensì le società tecnologiche, che dai loro fatturati elevatissimi ma talvolta inferiori riescono ad ottenere un margine di profitto superiore alle società più “tradizionali” attraverso modelli di business innovativi. Per il proprietario di un business, o di azioni di una società,

il profitto è certamente più importante del fatturato, anche se non va escluso monitorare quest'ultimo.
In taluni casi, inoltre, potrebbe essere preferibile una società con un profitto minore. Il *profitto*, in poche parole, non è altro che ciò che rimane in tasca ai proprietari della società, una volta sottratte le varie voci di uscite ai ricavi. Naturalmente, i costi (come quelli per il personale, per la ricerca e sviluppo, per la pubblicità, per la manutenzione degli eventuali impianti o macchinari, e molto altro), non sono solo ciò che manda avanti un'impresa, ma anche il motore della sua sostenibilità nel tempo. Senza ricerca e sviluppo, i prodotti innovativi non verrebbero lanciati, e, senza salari ed aumenti equi al personale, la forza lavoro andrebbe via o non lavorerebbe con l'entusiasmo necessario. In poche parole, una più alta spesa oggi (o quest'anno), può portare ad un guadagno maggiore domani (o il prossimo anno), quindi un profitto minore nel presente può portare benefici futuri. Così come un investitore compra azioni di una società ricercando un rendimento, anche la società *investe* in sé stessa con varie voci di spesa che permettono poi di raggiungere gli obiettivi prefissati.
Oltre al fatturato e al profitto, elementi di base in qualsiasi tipo di impresa, ci sono innumerevoli altri parametri da analizzare per stabilire correttamente il valore di una società e, di conseguenza, quello delle sue azioni. Tra i più significativi troviamo il *debito*. Inutile dire che, apparentemente, un debito minore può sembrare più attraente. Tuttavia, come abbiamo

visto nel caso del fatturato, nell'analisi delle azioni la risposta è spesso *dipende*. Un debito più elevato, infatti, potrebbe servire a far fronte, ad esempio, ad alcuni dei costi nominati prima, i quali potrebbero portare a dei benefici futuri: costruire un impianto innovativo per la costruzione di materiali tecnologici, ad esempio, può rappresentare un costo non sostenibile esclusivamente attraverso i ricavi o le riserve di liquidità, ma che necessita di essere finanziato. Questo impianto, una volta avviato, potrebbe generare ingenti ricavi e profitti, per la felicità dei proprietari della società. Esistono vari modi, per una società, di ottenere finanziamenti: uno di questi sono le obbligazioni, uno degli strumenti finanziari più importanti, di cui parleremo successivamente.

Un ulteriore indicatore importante è l'ammontare di *liquidità* a disposizione della società. Non c'è da stupirsi se, anche in questo caso, un'analisi corretta non indicherebbe che una liquidità maggiore è *sempre* migliore. Disporre di una liquidità più alta è certamente sintomo di stabilità finanziaria: essa può servire in periodi di bisogno di risorse monetarie o per acquisizioni di altre imprese, ma una liquidità bassa o in discesa può indicare che la società, ad esempio, stia investendo molto in nuovi modelli di business o prodotti innovativi. Al contrario, una liquidità eccessiva potrebbe, in determinati contesti, non solo essere sintomo di troppa prudenza, ma potrebbe anche indicare che la società effettivamente non sa cosa fare del denaro a disposizione poiché non trova progetti interessanti.

È fondamentale, inoltre, tenere d'occhio i *concorrenti.* I *competitors* possono essere definiti in vari modi, a seconda della similarità dei prodotti o servizi offerti, o della percezione psicologica dei consumatori. Se il ristorante sul marciapiede di fronte al nostro aumenta il numero di tavoli, offre sconti o cucina piatti migliori, sicuramente Aljamal potrebbe risentirne, e viceversa. La stessa cosa accade per quanto riguarda le società più grandi. Ma attenzione, le innovazioni dei concorrenti possono essere positive per una società quando essa è indotta a realizzare una maggiore quantità di innovazione: per sopravvivere nel tempo è importante mantenere o conquistare un vantaggio competitivo. Il mercato degli smartphone, ad esempio, si è sviluppato inizialmente con poche società, capaci di creare un elevato grado di innovazione tecnologica. Solo in seguito sono nate molte altre imprese simili, grazie anche alle innovazioni realizzate in precedenza.

Questi e molti altri parametri, strettamente connessi al business *reale* della società, influenzano l'andamento del prezzo delle azioni e la valutazione finanziaria di un'impresa. La caratteristica più importante di questo strumento finanziario, come già detto, è quella di rappresentare la proprietà di un'attività economica: meglio vanno gli affari di una società e più il prezzo delle azioni potrebbe salire. Il prezzo non è un indicatore, ma è il risultato della valutazione effettuata dagli operatori di mercato in merito alla situazione attuale e futura di una società.

Anche parametri di tipo più tecnico, legati al funzionamento dei mercati finanziari e talvolta meno connessi al business reale della società, influenzano il prezzo delle azioni. Hanno anche una grandissima rilevanza nella determinazione del prezzo, in un dato momento, le opinioni degli altri operatori di mercato. Dopo tutto, se esistesse un metodo univoco per valutare l'andamento del valore di una società, non si manifesterebbe il bisogno di determinarne il prezzo e i mercati finanziari non avrebbero alcun tipo di funzione. Come nel semplice caso della quota del nostro ristorante, chi vuole comprare sarebbe felice di farlo ad un prezzo basso, ma chi vuole vendere, specularmente, sarebbe contento di ottenere una cifra maggiore. Il prezzo finale potrebbe trovarsi in un punto intermedio.

Inoltre, le aspettative degli operatori riguardo la performance futura possono differire, e poiché il prezzo di un *asset* viene determinato scontando i valori dei flussi di cassa futuri, i calcoli non sono sempre uguali per tutti. Anzi, spesso, gli operatori di mercato (o meglio la maggior parte di essi), sbagliano, e a volte non di poco.

Se si considera il lungo periodo, i fattori legati al business assumono una importanza sempre maggiore rispetto a quelli di carattere tecnico o speculativo, che influenzano maggiormente l'andamento del prezzo nel breve termine. Gli investitori, interessati al business reale della società, effettuano perciò, generalmente, operazioni di medio-lungo termine, mentre i trader, interessati ai movimenti di prezzo più che all'andamento del business reale, operano su orizzonti temporali ridotti, anche di brevissimo termine. Vedremo meglio le caratteristiche dei diversi operatori di mercato: quando non specificato diversamente, ci riferiremo sempre al punto di vista di un investitore che cerca del *valore oltre il breve periodo* per i suoi progetti di investimento.

Idee opposte, ma complementari

Osserviamo, attraverso questi grafici, due concetti fondamentali di portata generale, da tenere in considerazione per la valutazione dei parametri.

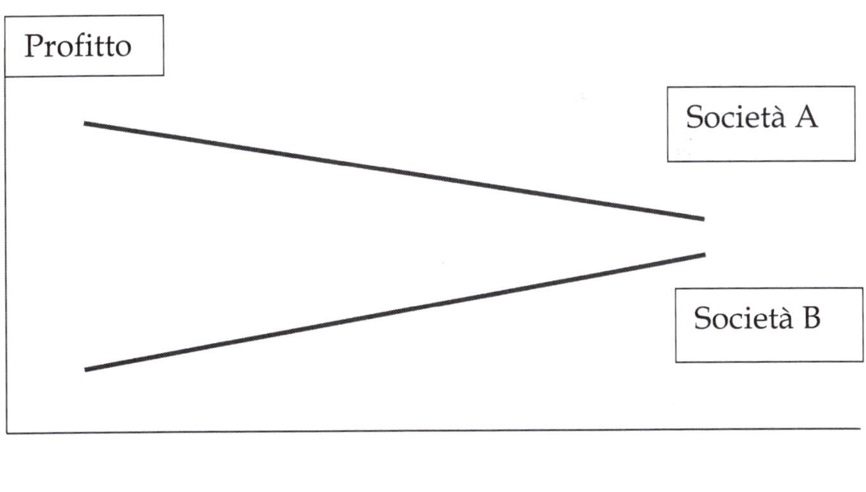

Questo mostra l'importanza di considerare l'andamento *nel tempo* dei parametri che ci interessano (come fatturato, quota di mercato, margine di profitto o debito), non solo il loro valore

assoluto *oggi*. Osservando il valore assoluto, la società A, con maggiori profitti, sembrerebbe apparentemente migliore, ma attraverso il grafico si ottiene una visione ben diversa: due *trend* opposti, uno positivo ed uno negativo. Il fattore *tempo* è uno dei due pilastri dell'economia e della finanza, insieme all'unità di *moneta*. Ora, infatti, guardando il primo grafico, si potrebbe cambiare idea su quale sia la società migliore dal punto di vista dei profitti.
La visione che si ottiene è forse ancora più inaspettata con il grafico successivo. Eventi inattesi, o meno, come vedremo anche successivamente, possono condizionare fortemente i diversi valori che è necessario analizzare, anche in maniera del tutto imprevedibile. In settori caratterizzati da forte concentrazione, ma non solo, grafici di questo tipo possono essere comuni, ad esempio per le quote di mercato di alcune società leader nel settore della produzione di componenti ad alta tecnologia e microprocessori.

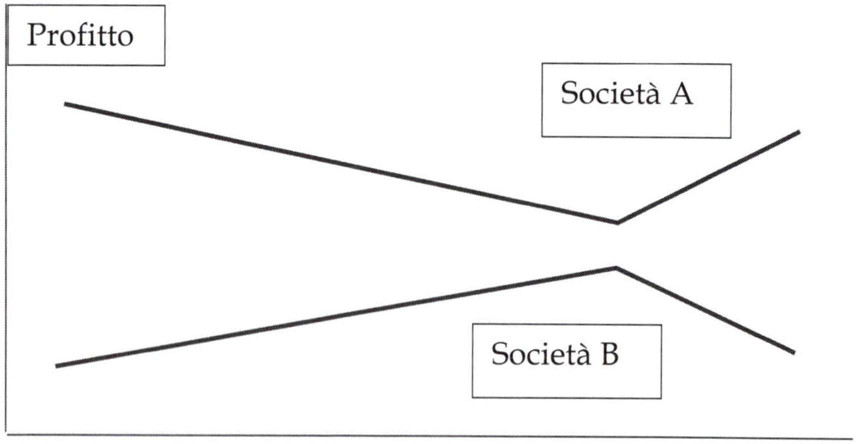

Nel suo libro *"Il Cigno Nero"*, N. N. Taleb tratta approfonditamente il tema degli eventi inattesi e di come i bias cognitivi possano influenzare le previsioni e le aspettative, nei mercati finanziari ma non solo, portando ad avere una visione incompleta ed eccessivamente ponderata degli eventi passati. Se le probabilità che determinati eventi (positivi o negativi), si realizzino è bassa, tendiamo spesso a sottostimare tali probabilità, non riuscendo così a fronteggiare in maniera adeguata una loro eventuale manifestazione. Gli eventi del tutto inattesi, che l'autore chiama *cigni neri*, possono essere positivi o negativi: l'importante è esserne consapevoli e aprirsi alle possibilità di cigni neri positivi.

In poche parole:

Le azioni rappresentano la proprietà di un'azienda. Con le azioni, si ha la disponibilità di traferire facilmente la proprietà di una società e i diritti ad essa associati. Esse possono essere acquistate, ottenendo appunto una quota della proprietà di una società, proporzionalmente al numero di azioni, oppure vendute, andando a trarre un profitto dall'eventuale discesa del prezzo delle stesse.
Nel trasferire la proprietà delle azioni, e quindi valutarne il prezzo, si usa come parametro principale l'utile generato dalla società: più è alto, maggiore sarà, potenzialmente, il prezzo delle azioni. Vi sono molti altri parametri che ne influenzano il prezzo. Alcuni sono legati al business reale della società, altro sono fattori di tipo più tecnico. Per le grandi e piccole aziende, la maggior parte di questi fattori, di entrambe le categorie, sono analizzabili graficamente e quindi facilmente comparabili con quelli di altre società.
Osservare un grafico e pensare di poterne prevedere l'andamento immaginando che continui a rimanere per sempre stabile verso la sua attuale direzione è sbagliato. Allo stesso modo, trascurarne l'andamento passato può non darne una visione completa. Queste sono le due idee, opposte ma complementari, che un investitore deve ponderare quando analizza l'andamento di un qualsiasi parametro economico-finanziario nel tempo.

Capitolo 2.

Breve storia dell'evoluzione del mercato azionario

I nostri predecessori investivano?

Molti sono convinti che investire in titoli azionari sia un'attività sviluppatasi solamente con l'avvento del sistema capitalistico odierno e sulla scia del progresso tecnologico degli ultimi decenni.
D'altronde, è lecito domandarsi quali metodi utilizzassero i nostri ascendenti per acquisire una partecipazione di una società dall'altra parte del mondo. Appaiono ancor più strani e ambigui i motivi per cui gli investitori di un tempo decidessero di allocare una parte del proprio capitale a scopo di lucro.

Speculare non era, a detta di molti, una caratteristica dell'uomo moderno?

Eppure, oggi, investire è un'arte che ha dalla sua una maggiore consapevolezza etica e morale. Investiresti mai in una società caratterizzata da un modello di business basato unicamente sull'espropriazione (nella maggior parte dei casi realizzata con la forza) di beni appartenenti ad altri Paesi? O ancor di più, finanzieresti una società di cui conosci ben poco? Le informazioni a disposizione erano poche e non vi era la certezza che queste fossero temporalmente corrette. È, quindi, importante osservare come fosse diffusa una logica d'investimento diversa e per molti aspetti contraria a ciò che i grandi investitori della nostra epoca cercano di insegnarci:

"Investi in qualcosa che conosci bene e realmente".

Trascendendo dal lucro, qual era quindi il motivo principale di una scelta d'investimento? Il voler correre il rischio. Le persone possono essere avverse, propense o neutre rispetto al rischio, ossia alla probabilità che un evento possa tramutarsi in una situazione negativa. Una decisione assunta in condizioni di incertezza permette di sentirci forti e maggiormente sicuri di noi stessi. La natura umana non si smentisce mai.

Di investimenti se ne sentì già parlare, anche se in maniera generica e poco precisa, nell'antica Grecia, quando Aristotele sviluppò quella che oggi è la nozione di *fair price*. Il filosofo riteneva che prezzi "equi" dovessero disciplinare le transazioni economiche, allo stesso modo in cui le leggi immutabili della fisica governano l'universo. Da una prospettiva puramente etica e morale, realizzare un profitto, abusando delle fluttuazioni del prezzo era

considerato ingiusto.
È possibile osservare una prima forma di mercato azionario nella Repubblica romana. La grande ricchezza della Roma di quegli anni fu il presupposto essenziale per una maggiore circolazione di capitale. Concedere un prestito, inteso in senso commerciale, divenne una pratica sempre più diffusa.
Un numero crescente di individui era disposto ad investire del denaro con l'obiettivo di trarne un profitto.
L'antica Roma rappresentò quindi la culla di una nuova mentalità imprenditoriale.
Capitale, credito e rischio si incontravano. Fu attraverso questo processo che nacque il primo mercato azionario.
Gli investitori romani si raggruppavano in entità legali denominate come *publicani* la cui proprietà era divisa in *partes* (azioni) e la cui gestione era affidata a specifici dirigenti (i moderni manager). Le quote di partecipazione potevano essere distinte in: *soccii* (quote di grandi dimensioni) e *particulae* (piccole quote). Le negoziazioni avvenivano all'interno del *Forum*, mercato fisico di scambio di titoli azionari. Si assisteva così alla vendita e all'acquisto di azioni e obbligazioni di società agricole, fattorie, abitazioni, navi e anche schiavi.
I romani furono tra i primi a comprendere l'importanza di una tempestiva diffusione delle informazioni istituendo una rete di corrieri che si estendeva fino ai confini delle province. È sorprendente osservare come Roma anticipasse

anche in circostanze del genere, una pratica che sarebbe diventata, migliaia di anni dopo, uno dei capisaldi dell'economia mondiale. Successivamente, il medioevo rappresentò un vero e proprio freno alla diffusione dei mercati finanziari. Una visione del mondo eccessivamente basata sulla religione ne era la causa principale. Si assistette però, sempre in Italia, ad un cambiamento.

Le prime borse

I commercianti di alcune città-stato, come Venezia e Genova, ampliarono nel corso del tempo il traffico dei propri scambi. Intanto, si diffuse una maggiore propensione al rischio, fomentata dalle nuove possibilità imprenditoriali, ingrediente essenziale per garantire il successo delle proprie imprese.

Fu la necessità di gestire e accettare i rischi che generò il bisogno di definire un'idea precisa di mercato finanziario. Era poi inevitabile che i titoli sarebbero stati scambiati tra i commercianti, abituati alla sistematica assunzione del rischio. Il fabbisogno finanziario delle amministrazioni italiane favorì l'emissione di titoli obbligazionari liberamente negoziabili. La crescente diffusione di tali pratiche giustificò la definizione di una ferrea *regolamentazione* da parte delle città-stato più importanti. Nonostante queste restrizioni normative, il commercio di titoli di Stato fiorì a Venezia così come in tante altre città italiane.

Si assisteva ad uno scambio continuo di prestiti ad alto e a basso rischio. I veneziani furono i leader del settore e i primi a negoziare i titoli governativi di altri Paesi, fungendo da moderni *broker*.
Se il termine "broker" deriva dal francese antico *brocheor*, rivenditore di vino, per *borsa* è necessario far riferimento ad un'importante famiglia aristocratica belga di nome *Van der Bourse* (alcuni studiosi ritengono che la famiglia fosse invece italiana, *Della Borsa*, ricchi mercanti veneziani). Tra il '300 e il '400 i commercianti provenienti da tutta Europa, si riunivano nel palazzo *Ter Bourse*, a Bruges con l'obiettivo di decidere il valore delle merci e delle valute e di scambiare titoli rappresentativi di beni e di crediti. Tuttavia, la prima vera borsa valori sorse ad Anversa soltanto nel 1531. Anche in tal caso, ad essere negoziate non erano azioni, bensì obbligazioni governative o debiti individuali. In quegli anni, la ricchezza di uno Stato veniva misurata prevalentemente attraverso i traffici commerciali effettuati su vasta scala, esportando e soprattutto importando merci da paesi lontani dall'essere persino immaginati, per la popolazione dell'epoca, come l'India orientale o la Cina. Un'enorme quantità di navi solcavano i mari, navigando per mesi nella speranza che tutto sarebbe andato per il meglio. I rischi erano quelli di imbattersi in pericolosi pirati, di affrontare onde alte 30 metri o che un capitano poco esperto seguisse una rotta sbagliata. I proprietari delle navi pensarono bene di minimizzare il rischio associato alle

spedizioni riducendo il denaro investito, o meglio raccogliendo risorse monetarie da individui disposti ad investire e a ricevere eventualmente una percentuale dei profitti derivanti dal viaggio. Vi era quindi la possibilità di incorrere in una grossa perdita, per i detentori di azioni. Inoltre, è curioso osservare come gli imprenditori di quegli anni si preoccupassero unicamente di ridurre i rischi finanziari, senza dare alcun tipo di peso alla vita dei propri marinai. Minimizzare il rischio relativo alle spedizioni era nel contempo l'obiettivo principale di chi investiva il proprio denaro in tali attività. Diversificare il capitale a disposizione rappresentava la scelta ottimale. D'altronde, anche oggi la costruzione di un portafoglio diversificato potrebbe rappresentare il presupposto essenziale per evitare di essere troppo esposto ad uno specifico settore.

Come si poteva attuare una tale strategia?

Finanziando un elevato numero di viaggi. Tale pratica si semplificò nel momento in cui alcuni ricchi imprenditori del tempo decisero di dar vita a delle vere e proprie compagnie di spedizioni navali, le *East India companies*: grandi società che organizzavano e gestivano più viaggi. Era la compagnia stessa che svolgeva l'importante ruolo della diversificazione. Il compito degli investitori era semplicemente quello di acquistare le quote di partecipazione. Nacquero così le prime società per azioni come la *Dutch East India* (1609) o la *British*

East India (1600). Le azioni emesse permettevano di distaccare completamente la società dai singoli soci. Ad esempio, la morte di uno di questi non rappresentava il presupposto per sciogliere la compagnia. Inoltre, una struttura di questo tipo attraeva un numero maggiore di individui il cui intento era unicamente quello di ottenere una parte dell'utile conseguito, svolgendo così un ruolo prettamente passivo, senza prendere decisioni nella società stessa. Finalmente, anche le azioni iniziarono formalmente ad essere negoziate all'interno dei mercati borsistici. La borsa di Amsterdam, fondata nel 1602 per consentire alla Compagnia olandese delle Indie Orientali di raccogliere il capitale necessario a finanziare il trasporto delle merci dall'Estremo Oriente, prese il posto della borsa di Anversa come importanza. Inoltre, è interessante osservare come tali azioni fossero le prime al mondo a non avere un'intestazione (c.d. *titoli al portatore*). Il titolare dei diritti connessi all'azione era semplicemente colui che le possedeva. Si facilitava in tal modo il loro trasferimento. Lo sviluppo dei mercati finanziari prese piede soprattutto in Europa, per merito della maggiore facilità della loro diffusione. Le ferree leggi Islamiche, dettate dal Corano, non facilitavano l'affermarsi di una nuova mentalità di investimento. Tutt'ora, la finanza occidentale si differenzia per molti aspetti da quella islamica, plasmata da una forte influenza religiosa.
In pochi anni l'attività borsistica assistette ad un clamoroso boom, spinta in particolare

dall'espansione dei traffici e dalla possibilità di raccogliere enormi quantità di denaro per finanziare le spedizioni. Una crescita del genere non venne, però, parallelamente accompagnata da una corretta regolamentazione.

L'irrazionalità perde il pelo ma non il vizio

Nel 1711 nacque la *South Sea Company*, società per azioni britannica impegnata nel commercio nei mari del Sud America e nel consolidare e ridurre il costo del debito nazionale. Tuttavia, la Gran Bretagna fu coinvolta in quegli anni nella Guerra di successione spagnola. Inoltre, la Spagna di quel tempo controllava in maniera assoluta il commercio sudamericano. Le prospettive di guadagno della compagnia non erano di certo positive. Stranamente però, il valore di mercato delle azioni aumentò vertiginosamente per merito di un'ingiustificata domanda supportata da investitori non pienamente razionali. La speculazione prese piede. Cosa accadde allora? Nel 1720 si raggiunse il picco e poco dopo la bolla scoppiò, lasciando tra le mani degli investitori la sola consapevolezza di aver commesso un grave errore. L'evento divenne noto come *South Sea Bubble* e coinvolse personaggi di ogni tipo, come il famoso fisico Isaac Newton che, in seguito alla perdita registrata, proibì persino ai suoi amici di pronunciare le parole "South Sea".
Possiamo capire come spesso l'intelligenza sia

relativa e come per investire sia necessaria una buona preparazione e una forte disciplina. Successivamente allo scoppio della bolla, il governo britannico decise di intervenire formulando nello stesso anno il c.d. *Bubble Act*.
Esso subordinava la creazione delle società per azioni al consenso del parlamento e negava ad esse di esercitare qualunque attività che fosse diversa da quella prestabilita. Il *Bubble Act* fu abolito nel 1825, consentendo nuovamente la costituzione di società a capitale azionario da parte di privati senza il consenso regale.

I mercati azionari oggi

Secondo alcuni riferimenti storici, la Borsa di Londra nacque in maniera informale in una caffetteria (*Jonathan's Coffee House*) nel 1698. Qui si riunivano commercianti, investitori e speculatori. Tuttavia, il *London Stock Exchange* nacque ufficialmente soltanto nel 1802, nel momento in cui la negoziazione dei titoli venne trasferita in un edificio a *Chapel Court*.
Negli Stati Uniti si assistette in quegli anni allo sviluppo di una situazione pressoché simile, anche se caratterizzata da una legislazione sicuramente meno restrittiva.
La prima borsa valori a stelle strisce nacque a Philadelphia (PHLX, *Philadelphia Stock* Exchange) nel 1790, e venne acquistata nel 2007 da Nasdaq Inc.

per circa $ 652 milioni.
In ogni caso, il mercato borsistico americano per eccellenza vide la luce nel 1817 a New York. Il NYSE (*New York Stock Exchange*), gestito da ICE, conosciuto anche come *The Big Board*, è la più grande borsa valori al mondo per volumi di scambi e la seconda per numero di società quotate. Wall Street divenne, nel corso del tempo, il centro della finanza internazionale.
È bene ricordare come anche il NASDAQ (*National Association of Securities Dealers Automated Quotation*), gestito da Nasdaq Inc., abbia sede a New York. Vi sono quotate molte delle più importanti società tecnologiche al mondo (es. *Apple, Microsoft, Google, Intel*). Il mercato venne istituito nel 1971 e per la prima volta nella storia si ebbe la possibilità di effettuare gli ordini di acquisto e di vendita in via telematica, ossia attraverso i computer (fino ad allora avveniva tramite telefono). Per quanto riguarda l'Italia, Milano ha il privilegio di rappresentare la sede principale della Borsa Italiana, società privata che gestisce l'intero mercato finanziario italiano. La privatizzazione del settore avvenne nel 1998 quando i vari mercati borsistici minori del nostro Paese (Roma, Torino, Firenze, Napoli, Palermo e molte altre) vennero riuniti in un'unica entità. Dal 2007, a seguito della fusione con la Borsa di Londra, *Borsa Italiana S.p.A*, è stata parte del LSEG (*London Stock Exchange Group*). Nel 2020, un accordo ha garantito la proprietà ad Euronext, società che controlla vari mercati in Europa. Attualmente, sono 60 le borse

valori più grandi e importanti del pianeta. È impressionante osservare come il mercato azionario USA abbia in termini di capitalizzazione una quota pari circa al 50% del mercato globale con un valore complessivo approssimativamente uguale a $ 35 mila miliardi. La capitalizzazione (*Market Capitalization* o *Market Cap*) non è altro che il valore complessivo di tutte le azioni di una società: in questo caso, in riferimento agli USA, la capitalizzazione è data dalla somma delle capitalizzazioni delle società statunitensi. Al giorno d'oggi, i mercati finanziari sono generalmente liberalizzati, con un processo iniziato negli anni '80 e '90.

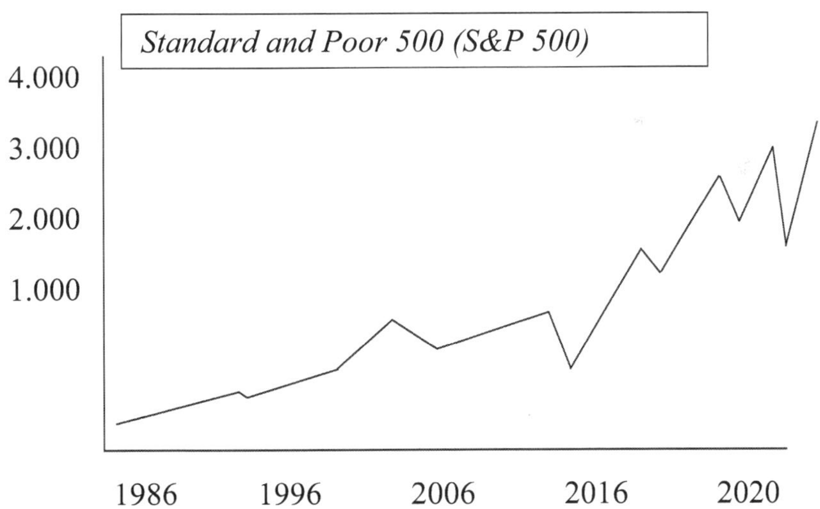

In poche parole:

Migliorare la propria vita e aumentare la ricchezza a disposizione è una caratteristica insita nella natura umana. Greci e Romani furono i primi ad accogliere le necessità legate alla raccolta di capitale e a dare spazio a chi voleva rischiare il proprio denaro con lo scopo di trarne un profitto. Si capii fin da subito che un corretto investimento doveva essere accompagnato da una giusta quantità, e soprattutto qualità, di informazioni. Ci sarebbero voluti circa 2000 anni per rendere efficace la loro circolazione attraverso internet e i computer. La religione rallentò molto il processo di creazione dei mercati finanziari. Prestare del denaro e richiedere un interesse aggiuntivo era considerato immorale e contro i princìpi della Bibbia. Con la fine del Medioevo si assistette ad un cambiamento radicale, in particolare in Italia. I commercianti iniziarono a negoziare titoli rappresentativi di beni e di prestiti, così come le città-stato più forti iniziarono ad emettere titoli di Stato per far fronte al fabbisogno finanziario. Molti più individui erano disposti a rischiare. Le spedizioni navali in tutto il mondo erano l'investimento più redditizio dell'epoca, anche se il più rischioso. Si cercò di minimizzare il rischio favorendo la nascita di compagnie navali, sotto forma di Società per Azioni. Nacquero così le prime borse, prima in Europa e poi negli Stati Uniti dove oggi si affermano le piazze valori più grandi al mondo.

Capitolo 3.

Tipologie di azioni

Le azioni, nell'ordinamento giuridico italiano, rappresentano le quote di partecipazione in una S.p.A. (quotata o non, o anche di altri tipi societari come la S.a.p.A.), e in quanto tali attribuiscono a chi ne è titolare dei diritti e dei poteri. Tali diritti si differenziano in base alla tipologia di azione di cui si è proprietari e alla quantità di titoli azionari posseduta. Un numero elevato presuppone un rischio maggiore da sopportare, e di conseguenza un insieme di diritti attivabili sicuramente più ampio rispetto a chi possiede un'unica quota partecipativa. Al titolare è quindi attribuito un complesso unitario di diritti e poteri di natura *amministrativa* (es. diritto di voto ed intervento nelle assemblee), di natura *patrimoniale* (es. diritto agli utili) ed anche a contenuto complesso amministrativo e patrimoniale (es. diritto di opzione). Secondo l'art. 2348 c.c. (1° comma) le azioni conferiscono ai loro possessori uguali diritti.

Tuttavia, il *principio di uguaglianza* va correttamente inteso. Si tratta, infatti, di un'uguaglianza relativa e non assoluta oltre che di una uguaglianza oggettiva e non soggettiva. Per quanto riguarda la relatività, lo stesso art. 2348 c.c. (2° comma) consente di creare "categorie di azioni fornite di diritti diversi". Va precisato però che in tal caso l'uguaglianza deve essere rispettata in merito a ciascuna categoria. Si può quindi distinguere in azioni ordinarie e azioni di categoria o speciali. Inoltre, uguali sono i diritti che ogni tipologia di azione attribuisce, non i diritti che ciascun azionista possiede complessivamente. Il numero di azioni di cui si è titolari è alla base della disuguaglianza soggettiva.

Le *azioni ordinarie* rappresentano la tipologia standard di azioni emesse. Esse rappresentano l'unità minima di partecipazione al capitale sociale di una società e conferiscono al possessore il diritto a ricevere una quota di utile sotto forma di dividendo, oltre alla possibilità di ottenere un profitto derivante dalla vendita dell'azione stessa, il c.d. *capital gain* (differenza tra prezzo di vendita e prezzo di acquisto). Se la società dovesse fallire o essere sciolta, gli azionisti ordinari vanterebbero un diritto residuale, ossia avranno il diritto di suddividersi ciò che residua *dopo* il soddisfacimento di tutte le altre categorie di *stakeholder* come creditori, obbligazionisti, lavoratori dipendenti, amministrazione tributaria e azionisti privilegiati. L'azionista si assume quindi un rischio maggiore. Esso è però controbilanciato dal beneficio della *responsabilità limitata*: le eventuali perdite sono limitate ai conferimenti inizialmente apportati (ossia al capitale investito). Il patrimonio personale di ognuno rimane intatto, ad eccezione della parte investita. Infine, le azioni ordinarie attribuiscono il diritto *pro quota* di partecipare alle assemblee ordinarie della società. Ovviamente, chi è titolare di una sola azione possiede un potere diverso rispetto a chi ne possiede 1.000. È importante osservare come le disuguaglianze soggettive siano legittime, in quanto su di esse si fonda il funzionamento del sistema capitalistico e del mercato azionario.

Chi rischia di più ha un potere maggiore di imporre la propria volontà sulla minoranza.

Le azioni rappresentano delle partecipazioni sociali distinte. L'azionista, nel momento in cui sottoscrive o acquista più azioni, diventa titolare di una pluralità di partecipazioni azionarie. Ciò è alla base del principio di *autonomia* delle azioni. In tal senso, si ha la possibilità di venderne alcune o concederne un certo numero in pegno o in usufrutto. Inoltre, è chiaro che un *pacchetto azionario* di rilevanza abbia un valore maggiore della somma dei valori delle singole azioni, per via del potere di controllo ad esso associato.

Le società per azioni hanno la possibilità di emettere delle particolari tipologie di azioni denominate come *azioni speciali*.

Esse sono caratterizzate da diritti diversi da quelli che contraddistinguono le azioni ordinarie.

La loro presenza comporta una modifica nell'organizzazione interna della società attraverso la creazione di specifiche assemblee speciali. Alle società è consentito allora di emettere azioni senza diritto di voto, con diritto di voto limitato a particolari argomenti, azioni con diritto di voto subordinato al verificarsi di particolari condizioni e azioni a voto plurimo. Inoltre, le società quotate possono riconoscere una maggiorazione del voto ai soci di lungo periodo titolari di azioni da non meno di due anni. Le azioni privilegiate sono invece azioni che conferiscono a chi ne è titolare un diritto di preferenza nella distribuzione degli utili e/o nel rimborso del capitale al momento dello scioglimento della società.

Sono, inoltre, previste delle azioni che attribuiscono dei particolari diritti patrimoniali correlati al conseguimento di specifici risultati della società.

Per incentivare maggiormente gli investitori a destinare una parte del proprio capitale all'acquisto di titoli azionari sono state introdotte le c.d. *azioni di risparmio*. Esse non prevedono alcun diritto amministrativo (es. voto nelle assemblee) e attribuiscono maggior rilievo all'aspetto redditizio dei titoli. Si distingue così tra azionisti imprenditori e azioni risparmiatori. Inoltre, a differenza delle altre azioni, possono essere emesse al portatore, assicurando l'anonimato a chi ne è titolare. Nel tempo si è affermata sempre più la volontà da parte del legislatore di coinvolgere in misura maggiore i lavoratori nella gestione e nel raggiungimento dei risultati attesi dalla società. L'*art. 2340 c.c.* consente quindi che vengano loro assegnate azioni speciali di categoria, persino in maniera gratuita. Infine, le azioni di godimento hanno come funzione quella di assicurare una certa parità di trattamento degli azionisti in occasione di una particolare operazione.

In poche parole:

Le società per azioni (S.p.A.) sono una particolare tipologia di società. Le quote partecipative sono rappresentate dalle azioni. Singoli e/o organizzazioni hanno la possibilità di acquistare un numero elevato di partecipazioni. I diritti si basano sulla quantità di azioni posseduta. Tuttavia, le società possono decidere di emettere particolari categorie di azioni, ognuna delle quali è caratterizzata da diritti e poteri diversi.
Una S.p.A. può scegliere di quotarsi in borsa e di scambiare le azioni emesse in un mercato valutario. Particolare attenzione è da riservare alle azioni di risparmio, titoli di credito al portatore che possono essere scambiati senza alcuna intestazione o girata. Si favorisce così la raccolta di capitale.
Le azioni ordinarie attribuiscono il diritto di voto alle assemblee, dove si assumono le decisioni più importanti per il futuro dell'impresa. Ogni azionista ha gli stessi diritti degli altri, anche se si tratta di un'uguaglianza relativa e soggettiva. Infatti, chi è proprietario di un numero maggiore di azioni sopporta un rischio più alto e di conseguenza ha un peso rilevante in ambito decisionale. Le perdite sono comunque limitate al capitale inizialmente versato e non verrà intaccato il patrimonio personale di ogni azionista (responsabilità limitata).

Capitolo 4.

Capital gain e dividendi

Sfrutta le giuste opportunità

Tra gli scopi di vita più frequentemente perseguiti vi è quello di accrescere, nel corso del tempo, l'ammontare della propria ricchezza monetaria o, quanto meno, di ottenerne un livello tale da poter mantenere inalterato un certo grado di benessere. La mancata consapevolezza che il proprio denaro potrebbe essere utilizzato in maniera differente rispetto agli standard comunemente accettati rappresenta il limite cognitivo principale agli obiettivi sopra citati.

Chi non vorrebbe che il proprio conto in banca aumentasse di mese in mese con una certa semplicità ed efficacia?

Le azioni, e gli strumenti finanziari in genere, rappresentano una delle migliori opportunità offerte dal sistema capitalistico che più soddisfano tali requisiti. La semplicità appena accennata è ovviamente espressa in maniera relativa. Scegliere le società giuste in cui investire non è mai facile. Qual è allora il segreto per far si che ciò avvenga? Sfruttare in maniera ottimale il tempo a disposizione. Dedichiamo ogni giorno una parte di questo in attività prevalentemente inutili che non fanno altro che ridurre la propria ricchezza, materiale ed interiore.

Ognuno dovrebbe avere la possibilità di realizzare con più frequenza attività che siano differenti dalla classica routine giornaliera. Quasi tutte però richiedono la necessaria disponibilità di denaro. Dovremmo quindi comprendere che sprecare tempo e denaro in attività senza alcun tipo di valore sia un ostacolo per la costruzione di un futuro diverso e migliore. Si tratta di organizzazione e di tanto studio.

"È troppo difficile", "Non fa per me". Queste le parole che spesso si sentono dire nel momento in cui si cita il termine "investimento", o peggio "azioni". Le persone preferiscono non investire, in quanto a detta di molti è sinonimo di "perdita". Tuttavia:

Il rischio diminuisce all'aumentare della conoscenza acquisita, nella vita così come negli investimenti.

Inoltre, ognuno vive nei suoi tempi e nulla cambia se si acquisiscono le giuste conoscenze in uno o tre anni.

Azioni o scarpe?

Le azioni, a differenza dell'ennesimo paio di scarpe acquistate, permettono di ottenere due tipi di fattori di guadagno: il *capital gain* e i *dividendi*. Il primo è la differenza tra il prezzo di vendita del titolo ed il suo prezzo di acquisto (sottoscrizione).

Immaginiamo di acquistare oggi un'azione della società X per un valore di mercato pari a 100 €. Una forte crescita degli utili societari e una buona strategia di business per il futuro determinano, dopo circa due anni, un aumento percentuale del prezzo del 30%. Vendendo l'azione si otterrebbe quindi un profitto di 30 €.

Tuttavia, attuare una strategia del genere presuppone che il proprio orizzonte temporale sia limitato al breve periodo e che, inoltre, si abbia una conoscenza della società tale da prevedere che il prezzo possa aumentare nei prossimi anni. Molti dei più grandi investitori sostengono che il momento adatto per vendere un'azione sia semplicemente uno: mai. È importante capire il significato di una simile affermazione. Quando effettuiamo l'acquisto di un bene di estrema importanza, come ad esempio una casa, abbiamo la premura di conoscere ogni singolo dettaglio o informazione in merito.

Comprereste mai un'abitazione senza essere mai entrati al suo interno? Vendereste la vostra casa poco tempo dopo averla acquistata?

Gli individui dovrebbero associare la stessa e identica importanza alle azioni.

Com'è quindi possibile guadagnare con le azioni se una delle scelte migliori è quella di non venderle?

Attraverso i *dividendi*.
Essi rappresentano quella parte di utile conseguito dalla società in un determinato arco temporale (mensile, trimestrale, semestrale o annuale), che è distribuito in maniera periodica agli azionisti a titolo di remunerazione del capitale investito. In altre parole, è il premio che un individuo ottiene per aver sostenuto il rischio associato, o meglio per aver creduto nella società. Si ottiene un ammontare di dividendo per ogni azione di cui si è titolari. Se si è proprietari di 10 titoli azionari di una società che rilascia 1 € ogni trimestre sotto forma di dividendi, si otterrà una rendita trimestrale di 10€. Società che distribuiscono gli utili appaiono più appetibili agli occhi di molti investitori. Si instaura una maggiore fiducia, soprattutto per quanto riguarda la stabilità finanziaria futura dell'azienda. Se una società decide di non pagare più dividendi potrebbe trovarsi in una situazione di difficoltà (segnale d'allarme). Tuttavia, non tutte le grandi società rilasciano dividendi. Si preferisce investire l'intero utile all'interno

dell'impresa, soprattutto in ricerca e innovazione (R&D), un parametro importantissimo per capire se la società riuscirà a mantenere inalterato (o acquisire), un certo vantaggio competitivo in futuro.

In merito ai dividendi è fondamentale far riferimento ad alcune date, importanti per un investitore individuale:

- *Declaration date*: giorno in cui il consiglio di amministrazione di una società annuncia il prossimo pagamento dei dividendi. Questa dichiarazione include l'ammontare, la data di stacco e la data di pagamento.
- *Ex dividend date*: è la data di stacco del dividendo. Il pagamento del dividendo viene effettuato a chiunque possiede il titolo entro l'ex-date.
- *Record date*: la data di registrazione rappresenta il limite temporale stabilito dalla società al fine di determinare quali sono gli azionisti che hanno diritto a ricevere il dividendo. Di solito è il giorno dopo l'ex-date.
- *Payout date*: è il giorno in cui vengono concretamente distribuiti i dividendi agli azionisti che ne hanno il diritto.

Riprendendo l'esempio della casa, il dividendo potrebbe essere concepito come il canone che si ottiene periodicamente se si decide di affittarla. In altri termini, se un'azione fosse un albero, il dividendo ne rappresenterebbe il frutto. Attenzione, non su tutti gli alberi cresce della buona frutta: potrebbero essere stati utilizzati degli agenti chimici per far apparire la mela più appetitosa e grande di quanto effettivamente sia buona all'interno. Allo stesso modo, alcune società "gonfiano" la percentuale di dividendo distribuito per attirare un numero maggiore di investitori. Siamo sicuri che queste società possano sopravvivere nel lungo periodo? Non sintetizzare lo stato di salute di una società con la sola percentuale di utile distribuito. Scopri bene tutte le sue altre caratteristiche prima di realizzare conclusioni affrettate.

D'altronde, sposeresti mai una persona di bell'aspetto dopo averla conosciuta un solo giorno?

I dividendi possono influenzare il prezzo di un'azione. L'annuncio di un dividendo più alto potrebbe far aumentare il valore di mercato della società. È probabile invece che il prezzo delle azioni diminuisca quando il dividendo è pagato. Infine, è utile osservare alcuni importanti indicatori (che riprenderemo nei prossimi capitoli):

- *Payout ratio*: rappresenta la percentuale di utile distribuita agli azionisti sotto forma di dividendi.
- *Dividend yield*: non è altro che il rapporto tra l'ammontare del dividendo annuo e il prezzo azionario.

Il mondo è ricco di opportunità.

Se sfruttate al meglio, potrebbero migliorare la tua vita e quella dei tuoi cari. Investire in azioni è semplicemente una forma di guadagno che potrebbe permetterti di incrementare le tue entrate periodiche. Tuttavia, investire non è semplice ed è bene comprendere al meglio il significato di un investimento e capire che risultati positivi sono conseguibili solo se si effettua una buona ricerca ed analisi accurate. Il segreto per iniziare? Avere la consapevolezza dell'esistenza di strade diverse nelle scelte di investimento. Semina i giusti semi e otterrai i giusti frutti.

In poche parole:

Gli strumenti finanziari, incluse le azioni, sono tra le opportunità migliori per accrescere la propria ricchezza nel tempo. Spesso, si preferisce non investire e destinare il proprio denaro in attività non redditizie. Il motivo principale risiede in un'eccessiva sopravvalutazione dei rischi associati. Tuttavia, il rischio diminuisce nel momento in cui si decide di incrementare le proprie conoscenze e quando si dedica una parte del tempo a disposizione nell'analisi e nello studio dei mercati e delle rispettive società. Un'azione, a differenza della maggior parte dei beni di consumo, permette di realizzare due tipi di guadagni: il capital gain e i dividendi. Il capital gain rappresenta il profitto derivante dalla vendita di un titolo azionario ad un prezzo maggiore rispetto al prezzo di acquisto. Il dividendo è invece quella parte di utile netto distribuito che spetta agli azionisti. Una società può decidere di rilasciare dividendi o meno. Una strategia d'investimento che guardi al lungo periodo presuppone che si scelgano quelle società che incrementano nel tempo i propri dividendi. In merito ai dividendi è necessario osservare attentamente la data di stacco e la data di registrazione.

Capitolo 5.

Concetti base di matematica finanziaria

Il valore temporale dei soldi e le grandezze unitarie

L'essenza della matematica finanziaria e della finanza si basa su due fondamentali elementi: il *tempo* e il *denaro*. Uno dei concetti più importanti da tenere sempre a mente in ambito finanziario è il *valore temporale del denaro*: è una questione abbastanza logica, avere una certa quantità di soldi oggi è certamente meglio che averla domani, o fra qualche anno. Su questo concetto, apparentemente semplice, si basa tutto il mondo della finanza.

Quando chiediamo un prestito pluriennale ad una banca, questa ci anticipa *oggi* una somma che, altrimenti, avremmo potuto accumulare soltanto in vari anni. Il servizio principale offerto dalle banche è infatti quello di intermediazione delle scadenze: operano attraverso la dimensione temporale e monetaria per offrire i loro servizi.

Ipotizziamo di chiedere un finanziamento ad una

banca: oggi riceviamo € 10.000, e ci impegniamo a restituire € 10.400 tra un anno. Questa è un'*operazione finanziaria* di base, ossia un'operazione con la quale un soggetto riceve, in una data, una somma che restituirà in un data futura prefissata, maggiorata dagli interessi. Dal punto di vista di chi prende a prestito i soldi, il nostro esempio rappresenta un *finanziamento*, mentre per la banca rappresenta un *investimento*.

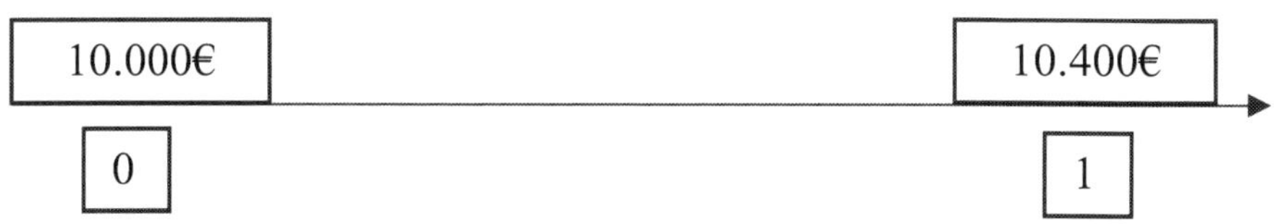

Da questo semplice esempio possiamo ottenere le 4 grandezze assolute e unitarie di base che compongono la finanza. Le grandezze unitarie permettono di ragionare in termini relativi, e sono quindi *molto* utili.
Definendo i € 10.000 come *valore attuale*, (V) e i € 10.400 come *montante* (M) dell'investimento, abbiamo:

- *Interesse* (I): dal punto di vista assoluto, è pari alla differenza tra le due somme, pari a € 400, cioè la somma che paghiamo per ricevere oggi un ammontare che avremmo avuto tra 1 anno. Dal punto di vista della banca, è la sua remunerazione per averci anticipato la somma ad oggi. L'interesse unitario (i), o *tasso di interesse*, che è l'interesse prodotto da € 1 in 1 anno, si misura come rapporto tra l'interesse ed il valore attuale e si esprime in percentuale: in questo caso è pari al 4%.

- *Sconto* (D, *discount*): è pari all'interesse, dal punto di vista assoluto. Tuttavia, lo sconto unitario (d) differisce dall'interesse unitario essendo pari al rapporto tra lo sconto (o l'interesse), assoluto, e il *montante*. Nel nostro esempio, lo sconto unitario è del 3,85% circa. Logicamente, lo sconto unitario è minore dell'interesse unitario poiché viene calcolato su una somma erogata successivamente.

- *Montante unitario* (m): indica quanto "produce" (per chi investe la somma, quindi in questo caso ancora la banca), € 1 investito in questa operazione. Si ottiene attraverso il rapporto tra montante e valore attuale, e nel nostro caso è pari a 1,04 (o 104%).

- *Valore attuale unitario* (v): indica a quanto corrisponde *oggi* € 1 che si ottiene tra 1 anno, e può essere calcolato mediante il rapporto tra valore attuale e montante. Normalmente, il valore attuale unitario è inferiore ad 1, e nell'esempio è pari a circa 0,96. In altri termini, è il reciproco del montante unitario.

Osserviamo lo stesso grafico di prima, stavolta con riferimenti unitari e non assoluti. Per ogni euro che riceveremo oggi in prestito, ci impegniamo a restituire 1,04€ tra un anno. Dall'altro lato, la banca, tra un anno, riceverà 1€ per ogni 96 centesimi (circa), prestati oggi.

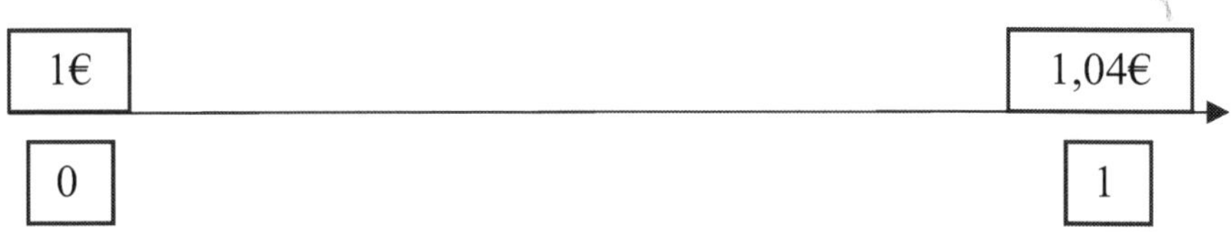

Torniamo ad Aljamal. Vogliamo acquistare la quota del socio, disposto a cederla a € 170.000. Ben distante dai 120.000 che avremmo voluto proporgli!
Gli chiediamo quindi di motivarci questa sua proposta, e lui, con molta sicurezza, ci espone i dati.
"Ecco, cari soci. Quest'anno abbiamo portato a casa un utile netto di soltanto € 30.000, che, diviso tra tutti noi, equivale a € 7.500 a testa. Ma, come sappiamo, il primo anno ha richiesto molte spese, di tipo contabile, pubblicitario e molto altro: da ora, voi non dovrete più sostenere queste spese. Il ristorante sta piacendo moltissimo, e continuerà ad attrarre clienti, ne sono sicuro. Per i prossimi anni, diciamo 10 anni, mi sembra che Aljamal potrebbe produrre un utile di oltre € 120.000 l'anno... Per essere conservativi, diciamo € 100.000 annui, ossia € 25.000 a testa. Attualizzando i miei profitti, ad un tasso del 4%, che utilizzo ultimamente per i miei

investimenti, la mia quota di Aljamal vale, oggi ... € 185.883. Per questo motivo, la mia offerta di € 170.000 mi sembra ragionevole: anziché utilizzare il solito 4%, ho utilizzato un piuttosto generoso (per voi), 5% circa per attualizzare le somme che avrei ricevuto nei prossimi anni, se fossi rimasto proprietario di Aljamal."
Dopodiché, ci mostra un foglio di calcolo stampato, che aveva già pronto nella tasca della giacca, più o meno simile a questo:

Anno:	**Utile Totale:**	**Utile (ciascuno):**	**Valore Attuale (oggi):**
2 (tra 1 anno)	100000	25000	22711
3	100000	25000	21647
4	100000	25000	20633
5	100000	25000	19666
6	100000	25000	18745
7	100000	25000	17866
8	100000	25000	17029
9	100000	25000	16231

10	100000	25000	15471

"Vedete, cari soci, se presi oggi, mi spetterebbero €22.700 il prossimo anno, ma solo € 15.500 dei miei utili del 10° anno dal lancio... Il tempo è importante, e un uccello in mano vale più di due uccelli nel cespuglio... Vi lascio alla gestione del ristorante e vi auguro di fare molti più soldi di quelli previsti dal mio modello!"
Come dar torto all'ormai non più nostro socio in affari? Dopo un rapido consulto con gli altri, decidiamo di andargli incontro con €150.000. Senza esitare troppo, accetta, e chiudiamo in fretta l'affare.

Cosa significa attualizzare?

È uno dei verbi più utilizzati in ambito finanziario. Come detto, una somma oggi vale più di una somma, di uguale importo, domani o tra un anno. Attualizzare significa determinare il valore *oggi* di una somma che verrà trasferita *in futuro*. Osserviamo ancora la tabella di valutazione del terzo socio (ormai ex socio), di Aljamal. Ogni anno, fino al decimo, il socio avrebbe intascato € 25.000. Invece, sceglie di intascare tutto subito: deve per questo *attualizzare* i € 25.000 di ogni anno, ottenendo il loro valore *oggi*. Come si vede dalla tabella, il valore di tale somma *oggi* è minore, tanto più la somma si riferisce ad una data più lontana nel tempo: non avrebbe senso

moltiplicare i € 25.000 per 10 anni (ottenendo € 250.000), poiché ognuna di queste somme si riferisce ad un'epoca temporale differente. Sappiamo che una stessa somma, tra 5 o 10 anni, ha un valore minore rispetto alla medesima somma oggi. L'unico modo per poterle sommare è quello di portarle tutte ad un *unico* riferimento temporale, che nel nostro caso, dal punto di vista dell'ex socio, è *oggi*: attualizzare serve a questo.
Inoltre, un importante concetto e parametro costruito intorno all'attualizzazione è il VAN (*Valore Attuale Netto*). Esso si calcola semplicemente sommando i valori *attualizzati* delle varie epoche prese in considerazione. A tale risultato si sottrae l'esborso iniziale dell'investimento.

I regimi di capitalizzazione

"La mia vita è stata il prodotto dell'interesse composto"

W. Buffett

Dall'altro lato, capitalizzare significa portare avanti nel tempo il valore di una somma considerata oggi. Come per l'attualizzazione, la capitalizzazione necessita di un tasso di valutazione per essere calcolata.

Ragionare attraverso le grandezze unitarie permette di comparare tra loro investimenti o operazioni finanziarie di diversi importi e durata.
Avendo visto le grandezze fondamentali, possiamo affrontare ora i due regimi di capitalizzazione più importanti: quello dell'*interesse semplice* e quello dell'*interesse composto*. Essi definiscono le condizioni sotto le quali l'interesse matura nel tempo.
Il primo, il regime dell'interesse semplice, è un modello in cui l'interesse viene accumulato nel tempo in forma *lineare*. Ipotizziamo di acquistare, a € 10.000, un titolo che garantisce il 2% di interessi ogni anno, e il rimborso dei € 10.000 quando più ci piace. Ecco la linea che rappresenta le somme che incasseremo dallo strumento finanziario considerato.

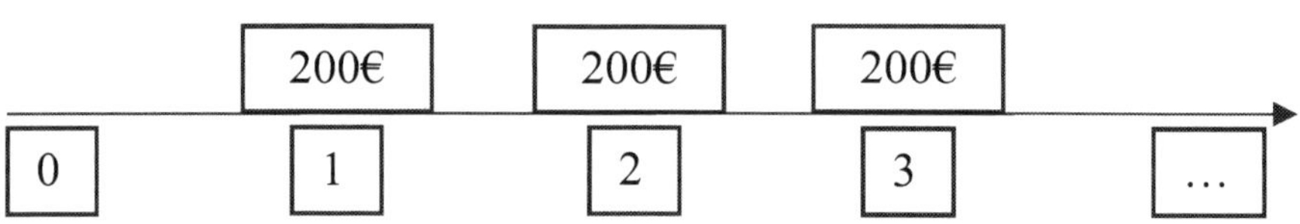

In questo caso, ogni anno riceveremo € 200, il 2% della *somma investita*.

Cosa succederebbe se, invece di lasciare andare avanti così il nostro investimento, all'inizio del 1° anno decidessimo di ritirare gli interessi ed il capitale iniziale, per un totale di € 10.200, e di reinvestirlo nello stesso strumento finanziario?

Mentre nel primo caso avremmo avuto un totale disponibile di € 10.400 al 2° anno, reinvestendo la somma ritirata ci troviamo con € 10.404, attraverso il regime dell'interesse composto. L'ammontare della differenza tra le somme calcolate con le due modalità è direttamente proporzionale al tasso di interesse e, in particolar modo, al tempo. Il motivo è da ricercare ancora nel concetto di valore temporale del denaro. In questa tabella, vediamo come la differenza nei montanti con i due regimi, nell'anno 2 pari soltanto allo 0,04%, vada ad essere sempre più significativa con il passare del tempo.

Anno:	**Montante con Interesse semplice:**	**Montante con Interesse composto:**	**Differenza assoluta:**	**Differenza Percentuale:**
1	10200	10200	0	0,00%
2	10400	10404	4	0,04%
3	10600	10612	12	0,11%
4	10800	10824	24	0,23%
5	11000	11041	41	0,37%
6	11200	11262	62	0,55%

7	11400	11487	87	0,76%
8	11600	11717	117	1,01%
9	11800	11951	151	1,28%
10	12000	12190	190	1,58%
15	13000	13459	459	3,53%
20	14000	14859	859	6,14%
30	16000	18114	2114	13,21%
50	20000	26916	6916	34,58%

L'interesse composto può essere molto utile con capitali sufficientemente elevati, o con abbastanza tempo a disposizione, poiché permette di ricevere *interessi sugli interessi* già ricevuti. Dal punto di vista algebrico, consigliamo di approfondire le condizioni di *scindibilità* dei diversi regimi di capitalizzazione per poter comprendere meglio, sia matematicamente che concettualmente, il funzionamento della formazione dell'interesse nei diversi regimi.

Una nota leggenda asiatica narra di un principe, il quale chiese al mago di corte di mostrare un gioco che lo potesse divertire, in cambio di un qualsiasi premio, anche di enorme entità. Il mago piazzò un chicco di riso su una casella di una scacchiera, due in quella accanto, quattro in quella accanto e così via, dicendo che avrebbe voluto ricevere i chicchi che sarebbero entrati nell'ultima casella. Il principe rimase tranquillo, fin quando, arrivati ad un certo punto, capì che non sarebbe bastato neanche il riso di tutto il regno. Alla casella numero 64, i chicchi necessari sarebbero stati milioni di miliardi. Il mago ha applicato perfettamente l'interesse composto, andando a raddoppiare sempre i chicchi della casella immediatamente successiva. Se avesse utilizzato l'interesse semplice, avrebbe dovuto posizionare soltanto 65 chicchi sull'ultima casella.

L'interesse composto si può applicare in vari contesti. Nel caso di azioni che rilasciano dividendi, ad esempio, quei dividendi possono essere utilizzati per comprare altre azioni, che porteranno altri dividendi.

La potenza dell'interesse composto, però, non si applica solo ai guadagni, ma anche ai costi. Come ha ben spiegato J. "Jack" C. Bogle nel suo libro "*The Little Book of Common-Sense Investing: The Only Way to Guarantee Your Fair Share of Stock Market Returns*", questo aspetto è spesso sottovalutato dalla maggior parte degli investitori.

Anno:	**Montante:**	**Con costi pari allo 0,80%:**	**Differenza:**	**Differenza in Percentuale:**
1	10500	10416	84	0,80%
2	11025	10853	172	1,56%
3	11576	11309	267	2,31%
4	12155	11784	371	3,05%
5	12763	12279	484	3,79%
6	13401	12795	606	4,52%
7	14071	13332	739	5,25%
8	14775	13892	882	5,97%
9	15513	14476	1037	6,69%
10	16289	15084	1205	7,40%
15	20789	18536	2253	10,84%
20	26533	22770	3763	14,18%
30	43219	34358	8861	20,50%
50	114674	78232	36442	31,78%

Come si vede facilmente in questa tabella, anche se un costo dello 0,80% può sembrare basso, nel lungo periodo il regime dell'interesse composto risente moltissimo dei costi. Per questo, è necessario considerare molto attentamente il fattore tempo, dando il giusto peso a commissioni o costi apparentemente bassi: il "misero" 0,80% di costi nel nostro esempio, ci sarebbe costato più del 10% del nostro investimento dopo 15 anni e più del 30% dopo 50 anni. Immagina ora se i costi fossero stati del 3%. Nel caso degli ETF, strumenti che vedremo meglio successivamente, e di altri, analizzare i costi tenendo conto di quanto essi incidano sul lungo periodo è fondamentale.
Il modello che abbiamo presentato è molto semplice, ma può essere utilizzato anche con le operazioni finanziarie più complesse. Più raramente, inoltre, si utilizza il modello della c.d. *capitalizzazione commerciale*.

In poche parole:

La finanza si basa sul valore temporale dei soldi. Tempo e denaro sono i due elementi centrali della finanza, attorno ai quali ruota il senso della stessa. Le 4 grandezze di base per analizzare le operazioni finanziarie sono: montante, interesse, sconto e valore attuale, e le rispettive grandezze unitarie, utili per poter comparare tra loro progetti di investimento di importi e durata diversa.
Per attualizzare una somma futura, si ha bisogno di conoscere o stabilire il tasso di valutazione. Algebricamente, maggiore è questo tasso, minore sarà il valore attuale di una somma futura. Attualizzare significa riportare ad oggi, o ad un'altra data, il valore di una somma futura.
I due regimi di capitalizzazione più utilizzati sono quello della c.d. capitalizzazione semplice, e quello della c.d. capitalizzazione composta. Nel primo, l'interesse rimane costante; nel secondo aumenta nel tempo poiché si forma anche sugli interessi precedentemente accumulati. Il regime di capitalizzazione composta sfrutta il fattore tempo, permettendo ad un investimento di crescere in maniera esponenziale. Il principio di formazione degli interessi vale, specularmente, anche per i costi.

Capitolo 6.

Cosa muove il prezzo delle azioni?

Su e giù

Andiamo più nel dettaglio riguardo gli elementi che influenzano l'andamento del prezzo delle azioni. Ci riferiamo naturalmente all'andamento delle azioni *quotate* su mercati regolamentati. La quotazione delle azioni in borsa garantisce, tra l'altro, uno scambio continuativo, quando gli operatori lo richiedono, che permette la formazione di un nuovo prezzo in pochissimo tempo durante gli orari di apertura della borsa. Abbiamo già visto che ci sono numerosi fattori che influenzano la valutazione del valore di una società e del prezzo delle sue azioni.

Che cos'è, quindi, che fa muovere il prezzo in una direzione o un'altra?

Possiamo dividere i fattori che influenzano il movimento del prezzo in due macro-categorie, spesso sovrapponibili: quelli legati al *business* della

società (volumi di vendita, fatturato, margini di profitto, nomine o dimissioni di dirigenti…), e quelli più legati alla *parte finanziaria* (come andamento degli utili per azione, nuovi acquisti di azioni proprie, operazioni straordinarie…). Naturalmente, queste due aree non sono perfettamente distinte, ma spesso si sovrappongono. Inoltre, come abbiamo visto, le *aspettative future* su tutti questi e altri parametri hanno un ruolo centrale.
Vediamo un semplice schema che riassume il processo di formazione del prezzo. I numerosi fattori di cui abbiamo parlato concorrono nell'influenzare domanda e offerta di un'azione in un determinato momento. Quindi, l'incrocio tra domanda e offerta determina il prezzo. Come per molti beni, anche fisici, maggiore è la domanda (a parità di offerta), e più sarà alto il prezzo, e viceversa, e, specularmente, minore sarà l'offerta (a parità di domanda), e maggiore sarà il prezzo, e viceversa.

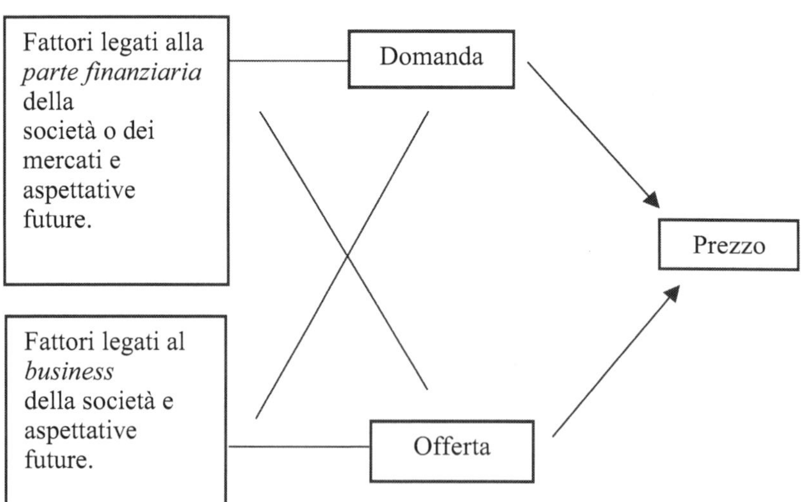

Il prezzo finale è difficile, o meglio impossibile, da determinare a priori, proprio per l'elevato numero di fattori che si mischiano nell'influenzarne l'andamento. Da secoli, come abbiamo visto, gli operatori tentano quasi sempre invano di prevedere il prezzo futuro degli strumenti finanziari. Inoltre, il prezzo *effettivo* pagato potrebbe poi includere vari tipi di commissioni, dirette o indirette, all'intermediario finanziario con cui si effettua l'operazione, e l'eventuale profitto derivante da tale operazione finanziaria è poi tassato. È questa diversità di fattori, alcuni qualitativi e altri quantitativi, che rende il mercato azionario un *sistema complesso*, cioè formato da diversi sottoinsiemi che interagiscono tra loro in maniera dinamica e caotica, non prevedibile in maniera lineare.

Inoltre, nello schema appena proposto manca (almeno) un tassello importante: gli eventi *esterni*, le *contingenze*. Durante la parte iniziale dell'ondata di COVID-19 di marzo 2020, praticamente tutte le azioni, di ogni tipologia di società, hanno perso molto valore, a prescindere dal settore di appartenenza. Paradossalmente, anche azioni di società che avrebbero goduto di vantaggi successivi in termini di vendite "grazie" ai *lockdown* seguiti alla pandemia, hanno perso valore in poco tempo.

Aspetti economici, sociologici, di politica interna e internazionale, politiche monetarie delle banche centrali, politiche fiscali, andamento dell'occupazione, crisi finanziarie o eventi

imprevedibili, positivi o negativi, di ampia portata (*cigni neri*), possono influenzare l'intero mercato azionario sia nel breve periodo che nel lungo.
L'insieme delle opinioni degli altri operatori, inoltre, forma dei trend, rialzisti o ribassisti (*bullish* e *bearish*), ma anche laterali. Tali trend sono spesso seguiti dal mercato: un comportamento/strategia ricorrente basato su questo ragionamento, detto *Momentum Investing*, è quello di comprare titoli che *salgono* in un determinato arco di tempo, e vendere allo scoperto quelli che *scendono*. La sua efficacia è molto dubbia, al contrario del suo effettivo utilizzo, evidente osservando i movimenti del prezzo di numerosi titoli.

L'andamento degli EPS rispetto alle previsioni del mercato

Spiegare *tutti* i fattori che, nella pratica, influenzano l'andamento del prezzo di un'azione non rientra negli obiettivi di questo libro. Perciò ne abbiamo selezionato soltanto due, invitandovi ad approfondire gli altri.
Gli EPS (*Earnings Per Share,* utili per azione), sono un indicatore molto semplice e molto importante nell'analisi finanziaria di un'impresa. Come suggerisce il nome di questo parametro, esso misura quanti utili sono generati dalla società per ogni azione della stessa. Nell'esempio del nostro ristorante, Aljamal, per calcolare l'ammontare degli

utili per azione è quindi sufficiente dividere il profitto (annuo), ossia € 100.000, per il numero totale di azioni, ossia 4.000. Il risultato, € 25, significa che il nostro ristorante produce 25€ di profitto per ogni azione.
Questo indicatore è osservato dal mercato con molta attenzione: riassume infatti, in un solo numero, la profittabilità della società e delle sue azioni, e, ovviamente, più alto è e meglio è, nella maggior parte dei casi. Vista la facilità d'utilizzo e la capacità esplicativa di questo indicatore, analisti professionisti dei principali istituti finanziari pubblicano, in vista dei risultati trimestrali delle società o anche più spesso, le loro previsioni su quanti EPS saranno prodotti dalle società in un determinato periodo (trimestrale, semestrale, annuale...). Inizialmente, queste previsioni influenzano l'opinione di molti operatori, e quindi possibilmente anche il prezzo delle azioni: se numerosi analisti professionisti prevedono una radicale riduzione degli EPS, probabilmente il prezzo delle azioni si ridurrà.
L'effetto più importante, però, si ha successivamente, quando la società pubblica i risultati effettivi in termini di profitto di quel determinato periodo. In poche parole, se la società riporta un utile maggiore rispetto a quello mediamente previsto dagli analisti, il prezzo, solitamente, sale, in proporzione alla differenza percentuale tra l'utile previsto e quello effettivamente realizzato nel periodo. Questo meccanismo non funziona naturalmente in tutti i casi.

Inoltre, professionisti impiegati presso grandi intermediari rilasciano anche i loro (spesso influenti), prezzi *target*, ossia il prezzo che potrebbe essere raggiunto secondo loro nel prossimo anno, o più, dall'azione, sulla base di vari parametri.
Dunque, è molto importante osservare sia l'andamento degli EPS, sia le previsioni degli analisti e l'eventuale differenza tra i due valori. Per farlo, bisogna conoscere le date in cui gli utili di una società vengono pubblicati, il che si può fare facilmente ricercando online le *Earnings Release Dates* (date di rilascio degli utili), di ogni società.

Osserva il settore

Un altro aspetto che influenza direttamente il prezzo delle azioni di una società è l'andamento generale del settore e le relative previsioni. A livello finanziario, le società appartengono ad un insieme di 11 settori secondo gli standard di classificazione GICS, introdotti nel 1999 da S&P e MSCI, due importanti società finanziarie statunitensi. Questi 11 settori sono: energia, materiali, settore industriale, beni di consumo ciclici, beni di consumo non ciclici, settore farmaceutico, finanziario, settore dell'*information Technology*, telecomunicazioni, *Utilities* e real estate. Tali settori, attraverso varie suddivisioni, vengono poi distinti ulteriormente in 158 *Sub-Industries*. Ad esempio, il settore delle *IT* si divide poi in varie *Sub-Industries* tra cui *Processing Dei Dati E Outsourcing*

Di Servizi, Servizi E Infrastruttura Internet e *Application Software*.
L'andamento di ogni settore nel suo complesso dipende da numerosi fattori, ed ogni settore rappresenta un sottosistema assai complesso e interconnesso con tutti gli altri. Per un investitore, dunque, è importante seguire l'andamento dei settori che più gli interessano, attingendo sia dalle previsioni e dai consigli degli esperti, sia dalle proprie considerazioni personali riguardo il possibile sviluppo futuro di un'azienda. Si sconsiglia comunque di fare completamente affidamento solo o troppo su questi indicatori. Inoltre, è importante non attribuire una connessione troppo diretta tra espansione di un settore e aumento del prezzo delle azioni delle società di quel settore. Nella celebre opera "The Intelligent Investor" di Benjamin Graham con J. Zweig, si fa un limpido esempio, che può aiutare a ricordare come un aumento esponenziale dei volumi non porti né ad un aumento sicuro dei profitti per le aziende, né ad un guadagno certo per gli investitori: l'industria aerea. Nonostante l'enorme crescita dei volumi negli ultimi decenni, che era stata prevista, i profitti non sono cresciuti assolutamente di pari passo, anzi, sono rimasti negativi per anni, lasciando scontenta la maggior parte degli investitori.

In poche parole:

Numerosi fattori insieme determinano il giudizio da parte degli investitori sulle qualità di una società, e influenzano l'andamento del prezzo delle azioni. Tra essi, si possono identificare quelli legati alla parte del business della società e quelli di carattere più tecnico, legati a fattori interni alla società o al funzionamento dei mercati finanziari. Domanda e offerta sono entrambe influenzate da tutti questi fattori, filtrati dal giudizio del singolo operatore. L'incontro tra domanda e offerta determina il prezzo. Molti operatori di mercato seguono i movimenti di mercato comprando se i prezzi salgono e vendendo se scendono (*Momentum Investing*).
Due tra i parametri più importanti da valutare sono: l'andamento degli EPS rispetto alle previsioni degli analisti (che dà un'idea dell'opinione di Wall Street su un'azienda e la conseguente possibilità di esprimersi eventualmente in maniera diversa), e l'andamento del settore, (importante da osservare ma da tenere in conto con ponderazione).

Capitolo 7.

Gli operatori di mercato e gli obiettivi

Chi prende parte ai mercati finanziari?

I mercati finanziari offrono la possibilità di compiere numerose operazioni di investimento (o, viste al contrario, finanziamento), e sono diverse le tipologie di operatori che fanno parte di questi mercati: il mercato azionario non fa differenza.
Innanzitutto, ci sono le persone comuni: investitori di piccole o grandi dimensioni finanziarie che effettuano, in generale, principalmente semplici operazioni di finanziamento (es. mutuo, leasing dell'automobile), o di investimento (es. acquisto di azioni o altri strumenti finanziari per far fruttare i propri risparmi). Con l'assenza teorica di una somma minima da investire in azioni, il mercato azionario può essere un'ottima alternativa con un ottimo rapporto rischio/rendimento per una parte degli investimenti dei comuni investitori, anche con capitali relativamente modesti. Inoltre, grazie alle numerose società *Fintech* nate negli ultimi anni, il mercato azionario è diventato ancora più accessibile sia per la velocità di esecuzione degli ordini, sia per

la sempre maggiore diffusione di broker senza commissioni o con costi bassissimi. Oggi, in ogni caso, la gran parte del volume di scambio dei mercati finanziari, inclusi i mercati azionari, è eseguito in maniera automatica da algoritmi, spesso a elevatissima velocità.
Rispetto all'enormità delle somme che vengono scambiate ogni giorno sui mercati azionari, i piccoli-medi investitori non rappresentano una percentuale tale da poter influenzare notevolmente il prezzo delle azioni. Tuttavia, ancora grazie alla diffusione di piattaforme di investimento accessibili insieme alla presenza di forum e siti specializzati che riuniscono anche centinaia di migliaia di utenti, è successo che orde di piccoli investitori riuscissero a spingere il prezzo di mercato (specialmente di azioni di società "piccole", meno scambiate e quindi più facilmente influenzabili).
Vi sono poi le società non finanziarie, un'altra componente importante dei mercati azionari. Esse, quelle che si quotano in borsa, raccolgono capitali mediante l'emissione di azioni nel c.d. *mercato primario*, su cui avviene quindi la prima vendita di determinate azioni, le quali poi circolano e vengono scambiate nei *mercati secondari*, sui quali avvengono le operazioni di acquisto e vendita di azioni una volta che esse sono state emesse.
Le società che emettono azioni lo fanno per ottenere liquidità con cui finanziarie le proprie spese e la propria espansione, anche se non è da sottovalutare anche l'impatto positivo che la quotazione in borsa

ha sull'immagine internazionale di un'impresa. In cambio della liquidità che ottengono, queste imprese cedono, attraverso le azioni, una parte di entità predeterminata del controllo della società stessa. Dopo la quotazione, vi sono numerose regolamentazioni che stabiliscono se e in che modo una società può operare sui mercati azionari. La modalità più comune è quella dell'acquisto di azioni proprie (*Share Buyback*), operazione con la quale la società acquista, appunto, azioni proprie andandole così a ritirare dal mercato. L'effetto di questa operazione è, molto semplicemente, quello di ridurre il numero di azioni in circolazione e quindi di aumentarne possibilmente il prezzo di mercato, come vedremo successivamente. Molte società, soprattutto negli USA, utilizzano anche le azioni per pagare i propri dipendenti, specialmente a livello manageriale: spesso, infatti, la maggior parte dello stipendio di un CEO di una grande società USA è formata da bonus composti da azioni della società stessa.

Gli operatori che influenzano maggiormente l'andamento del mercato azionario sono gli intermediari finanziari (bancari e non), una categoria ampia che comprende al suo interno banche commerciali e di investimento, assicurazioni, società finanziarie di gestione patrimoniale, fondi pensione e molte altre. Per le definizioni ufficiali delle norme vigenti, si può fare riferimento al TUB (Testo Unico Bancario) e ad altre normative. In generale, gli intermediari finanziari si occupano di favorire il

trasferimento delle risorse monetarie da chi vuole investire a chi ha bisogno di finanziamenti, oltre che di effettuare molte altre operazioni finanziarie per individui, imprese, governi e anche tra intermediari finanziari stessi. In questo modo, essi facilitano e velocizzano la trasformazione delle risorse monetarie in investimenti produttivi, permettendo il funzionamento efficiente dell'intero sistema economico.
Nel caso specifico del mercato azionario, gli intermediari più rilevanti ai nostri fini sono probabilmente quelli che ricoprono il ruolo di *Market Makers*. Fondamentali per il corretto funzionamento dei mercati, i *Market Makers* sono intermediari finanziari che "creano il mercato" per le azioni (e per altri strumenti finanziari), fornendo il prezzo "di mercato" a cui, in ogni momento dell'apertura delle borse, sono disposti a venderle o acquistarle, e dichiarandosi appunto disposti a farlo. I due prezzi ai quali i *Market Makers* sono disposti a vendere e acquistare sono, rispettivamente, il prezzo *bid* e il prezzo *ask*. Specularmente, per un investitore interessato ad operare, il prezzo *ask* rappresenta il prezzo di acquisto, e il prezzo *bid* quello di vendita. Il guadagno di tali intermediari deriva, in questo caso, dalla differenza (positiva) tra *ask* e *bid*, chiamata *Bid-Ask Spread*: il rischio che corrono nell'acquistare continuamente strumenti finanziari viene ripagato dal profitto dato dallo spread operazioni stesse. Lo *Spread* si calcola in percentuale rispetto al prezzo: uno *spread* ridotto indica che il

titolo è molto scambiato (liquido), il contrario per uno *spread* elevato. In pratica, i *Market Makers* garantiscono che gli strumenti scambiati sul mercato siano liquidi e che le azioni possano essere scambiate tempestivamente al prezzo di mercato da chi lo desidera.
Vi sono poi società di intermediazione finanziaria che talvolta operano direttamente sui mercati azionari, tra cui banche di investimento, fondi di investimento, SIM (Società di intermediazione mobiliare) e SICAV (Società di investimento a capitale variabile). Queste, in generale, effettuano operazioni per conto dei clienti direttamente oppure fornendo le piattaforme e l'assistenza necessaria, e si occupano anche di gestire i propri fondi. Le principali istituzioni finanziarie del mondo, oggi, sono statunitensi e cinesi, e ogni economia sviluppata ha delle proprie grandi banche di investimento. Tali istituzioni spostano enormi somme di denaro anche sul mercato azionario, ottenendo delle commissioni dai clienti.
Le società che creano e gestiscono i fondi di investimento e gli ETF hanno poi una notevole rilevanza per l'ammontare delle somme che hanno sotto la loro gestione. Poi, vi sono le società di *rating*, importanti per il mercato obbligazionario che vedremo in seguito e le società di consulenza, contabile e fiscale. Tra le grandi società quotate, la stragrande maggioranza preferisce affidare il controllo, obbligatorio per legge, dei suoi bilanci (e molti servizi accessori), ad una delle "Big Four":

KPMG, E&Y, Deloitte & Touche, PwC, quattro grandi società di consulenza che dominano il mercato e che derivano dalla fusione di varie società.
Banche centrali, Governi e altri enti pubblici, di norma, non operano direttamente sui mercati azionari, ma con le loro politiche monetarie, fiscali o di politica economica influenzano molto l'andamento dei mercati azionari.
Tutte queste categorie di operatori dei mercati azionari, come abbiamo visto, compongono un complesso ecosistema la cui infrastruttura è formata da milioni di transazioni giornaliere di diversa portata. L'eterogeneità delle componenti soggettive dei mercati azionari è quindi una delle caratteristiche della complessità di questo ambiente, che rende molto difficile prevedere i prezzi futuri.

Gli obiettivi di investimento

Abbiamo visto quali sono in generale le operazioni effettuate dagli operatori del mercato azionario e le motivazioni dietro la scelta di tali operazioni.
In linea di massima, l'obiettivo che accomuna gli *investitori* è quello di massimizzare il ritorno sull'investimento, a parità di rischio. Dall'altro lato, l'obiettivo di chi compie un'operazione di *finanziamento* è quello di ottenere una somma oggi, pagando il più piccolo interesse possibile nel tempo.
Oltre che operazioni di investimento, vi sono anche quelle delle di *speculazione*, ossia semplice acquisto

e successiva vendita (o vendita allo scoperto), di uno strumento finanziario con l'obiettivo di guadagnare dalla differenza, senza curarsi dell'effettivo *valore* sottostante dello strumento, *arbitraggio*, che è un'operazione con cui si ottiene, grazie a differenze anche minuscole nei prezzi o nei tassi, un guadagno certo ed immediato *hedging*, che è una categoria di operazioni effettuate per coprirsi dall'eventuale variazioni di altri asset. Esse sono compiute sia da investitori piccoli che da grandi intermediari finanziari.
Soffermiamoci ora su quelli che sono gli obiettivi di un investitore comune. In generale, l'obiettivo è quello di massimizzare il ritorno sull'investimento, a parità di rischio. Tuttavia, ci sono molti parametri che possono influenzare la propensione al rischio e le preferenze del singolo investitore. Non è possibile creare un portafoglio azionario che sia ottimale per ogni operatore.

Quali sono i principali parametri da analizzare per poter comprendere gli obiettivi di un investitore?

Vediamo alcuni dei parametri che possono essere utilizzati come punto di partenza per stabilire i propri obiettivi e la conseguente eventuale allocazione dei propri fondi in azioni. Approfondiremo poi altri aspetti di questa allocazione nel capitolo sulla diversificazione.
Uno dei parametri più importanti è la *propensione al rischio*. Essa cambia da individuo ad individuo, ed è

la l'insieme delle sue opinioni su rischio, rendimento e probabilità che il rendimento abbia effettivamente luogo. Caratteristiche caratteriali, culturali, sociali ed economiche contribuiscono alla formazione delle preferenze individuali e quindi della propensione al rischio, che mutano nel tempo insieme alle abitudini di un individuo. Alcuni provano più soddisfazione di altri, ad esempio, nel vincere una somma, altri provano una rabbia maggiore nel perderne una.
Inoltre, il giudizio positivo o negativo su una determinata transazione monetaria si forma in base al contesto emotivo in cui ci si trova in un determinato momento.
L'*età* rappresenta un parametro concreto e relativamente facile da utilizzare nella scelta degli obiettivi di investimento. Anche se, come abbiamo visto, si può iniziare a conoscere il mercato azionario a prescindere dall'età, è importante considerarla in quanto espressione del fattore *tempo*, uno dei due pilastri della finanza. Chiaramente, l'età in sé non è sufficiente per determinare gli obiettivi, ma va presa in considerazione con altri parametri. In generale, però, si possono seguire delle linee guida per capire in che direzione muoversi sui mercati azionari a seconda della propria età. Chi è più giovane ha, mediamente, più tempo rimasto a disposizione per poter investire. Ciò, accompagnato ad una generalmente maggiore propensione al rischio in giovane età, potrebbe essere una buona motivazione per investire in azioni. Inoltre, il lungo termine è l'orizzonte temporale in cui, mediamente, le azioni

performano meglio.
Dal 1926 al 2016, l'indice più importante del mercato azionario USA, lo S&P 500, ha avuto una performance media intorno al 10% annuo (dividendi inclusi). Come abbiamo visto, la performance passata non è indicativa di quella futura, ma può certamente dare un'idea. A lungo termine, a causa di fattori strutturali come la crescita della popolazione, del PIL, l'inflazione, o per una variazione positiva del benessere generale, il mercato azionario tende a salire. Al contrario, nel breve termine, la volatilità, che misura l'ammontare delle variazioni, è maggiore e gioca un ruolo fondamentale soprattutto in periodi di incertezza ed il mercato azionario è maggiormente soggetto a ribassi improvvisi. Per questo, un investitore giovane può trarre più vantaggi in termini di minor rischio associato ad un maggiore orizzonte temporale di investimento. Dall'altro lato, se si è più avanti con l'età potrebbe essere preferibile possedere una percentuale minore di azioni, dato l'orizzonte temporale più ristretto ed un conseguente rischio di ribassi maggiore.
Molti consigliano di stabilire la percentuale di azioni da detenere attraverso un'equazione in cui tale percentuale vada a ridursi con l'età. In questo esempio molto semplice, che serve soltanto per mostrare la relazione tra le due variabili, vediamo il grafico che indica una possibile percentuale di azioni da detenere in relazione all'età, utilizzando la formula lineare:

Percentuale di Azioni=1-Età/100.

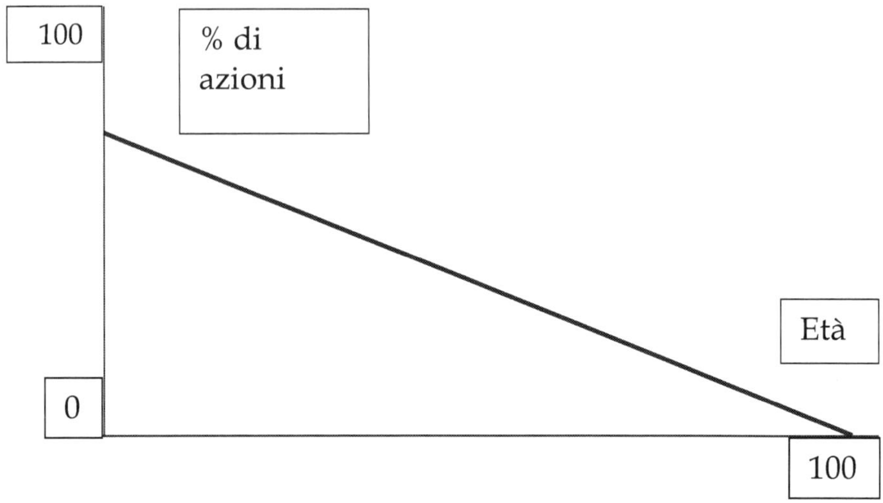

Come detto, però, l'età in sé non basta a stabilire se detenere o meno azioni, né, eventualmente, il giusto ammontare di azioni da detenere rispetto al totale del portafoglio, né tantomeno quali azioni comprare.
In questa matrice, vediamo un esempio di come considerare i due fattori che abbiamo osservato (età, propensione al rischio), porti a decisioni migliori di considerare soltanto un parametro.

	Giovane:	Non giovane:
Propenso al rischio:	Investire *la maggior parte* del portafoglio in azioni.	Investire *una buona parte* del portafoglio in azioni.
Avverso al rischio:	Investire *una buona parte* del portafoglio in azioni.	*Non investire* in azioni (o una minima parte del portafoglio).

Ecco che appare chiaro che una persona più giovane può trovarsi in linea con le necessità finanziarie di una persona meno giovane, nel caso di visioni opposte sul rischio. Il sesso in sé non rappresenta un parametro per determinare la propensione al rischio. Tuttavia, vi sono esempi di studi che indicano il sesso tra le componenti psicologiche che possono contribuire alla formazione delle opinioni sul rischio. Uno studio del 2010 (Arano et al.), sull'allocazione dei fondi per la pensione, ha rilevato una maggiore avversione al rischio nelle donne *in determinati contesti*, mentre un altro studio dello stesso anno (Maxfield et al.), ha sottolineato l'indipendenza della propensione al rischio dal genere, in simulazioni di situazioni aziendali in cui bisogna prendere decisioni "rischiose". Il dibattito è apparentemente in corso, ma, al contrario dell'età, che è un parametro più "pratico", da tenere in conto durante la definizione

degli obiettivi, è probabile che il genere non rappresenti un vantaggio né una limitazione, ma che possa influenzare direttamente o non le decisioni di investimento e le preferenze sull'oggetto dell'investimento come tutte le altre caratteristiche di una persona.
L'età non va confusa con l'*esperienza*. Nell'ambito della finanza personale però, nell'opinione di chi scrive, più che l'esperienza è l'ammontare di interesse spontaneo che determina la qualità dell'apprendimento. Dopotutto, trattandosi di finanza *personale*, il centro dell'intera visione finanziaria deve basarsi sull'individuo, e l'interesse o passione per ciò che si studia o apprende è il mezzo più facile per arrivare ad una conoscenza approfondita e consapevole, a prescindere dall'esperienza diretta (ossia la quantità di tempo *già passata* dedicata).
Le *disponibilità economiche* sono un altro parametro sicuramente importante da tenere in considerazione nella definizione dei propri obiettivi. Prendiamo l'esempio di Roberta e Marco, entrambi 31enni e impiegati presso la stessa società, con uno stipendio lordo di 2.500 € al mese. Entrambi, seguendo una strategia *ad hoc*, investono 400 € al mese in azioni e altri strumenti.

Allora la composizione dei loro portafogli è uguale?

No, perché Roberta, oltre ad investire questa somma, ha investito inizialmente anche 120.000 € derivati dalla vendita di un'abitazione. Dal suo punto di vista,

Roberta è più protettiva verso questa somma, piuttosto che per la somma che investe mensilmente, per la quale invece segue una strategia più "aggressiva", come il suo collega Marco.
L'obiettivo di Roberta, in questo caso, potrebbe essere quello di utilizzare i 120.000 € per generare una rendita azionaria *relativamente* sicura e stabile: nel caso, ad esempio, di un rendimento da dividendo (medio) del 2%, Roberta otterrebbe mediamente 200 € al mese lordi. Una volta pagate le imposte e altro, diciamo 60 € per semplificare, Roberta potrebbe utilizzare i 140 € rimasti per incrementare il valore dei suoi investimenti mensili, acquistando ad esempio azioni con dividendi bassi ma possibilmente molto sicuri e sostenibili. Quindi, Roberta investe 400 € al mese dal suo stipendio, in azioni che considera aggressive e con un'elevata crescita potenziale, e altri 140 € che investe in titoli che, a suo giudizio, sono più sicuri e potenzialmente meno redditizi. lato, Marco punta esclusivamente ad azioni e altri strumenti finanziari che considera ad elevata crescita potenziale. Da questo esempio si può comprendere come le disponibilità economiche attuali di un investitore siano una componente fondamentale nella scelta degli obiettivi, considerate insieme agli altri fattori che abbiamo citato.
Tuttavia, Roberta e Marco non hanno considerato un altro fattore importante: le *disponibilità economiche future*. Specie quando l'orizzonte temporale dell'investimento è ampio, avere più o meno soldi in futuro può fare molta differenza. Certo, prevedere

con assoluta certezza, ad esempio, quale sarà lo stipendio del prossimo lavoro o quando lo si inizierà a percepire, non è sempre possibile, ma è possibile creare delle aspettative in base ai fattori personali ed utilizzare la conclusione per delineare meglio la scelta degli investimenti giusti. Se Marco, ad esempio, aspettasse una promozione nei prossimi mesi con un buon margine di sicurezza, potrebbe calibrare meglio alcuni investimenti, scegliendo di acquistare (o non acquistare), un determinato titolo fin quando non riceverà il primo aumento. Agire in tal modo, tuttavia, può essere *rischioso* se le aspettative si rivelano sbagliate.

L'importanza dell'attitudine

Come abbiamo visto, le caratteristiche psicologiche di un individuo, le sue attitudini e le sue preferenze determinano il suo comportamento anche nelle decisioni di investimento. Uno degli aspetti più importanti degli investimenti, per un investitore individuale, riguarda il controllo delle proprie emozioni. L'*attitudine* gioca infatti un ruolo fondamentale. Non è facile auto-giudicarsi e definire le proprie attitudini potenzialmente dannose negli investimenti, ma è doveroso se si vuole investire con coscienza e proteggere il proprio capitale. Durante la bolla *Dot-com*, l'emozione e le attitudini sbagliate hanno fatto perdere enormi quantità di soldi agli investitori di società tecnologiche il cui valore

intrinseco “reale” era molto minore di quello che trapariva dalle loro azioni. Le avevano acquistate presi dalla paura di non conseguire i guadagni che altri avevano già conseguito o stavano conseguendo e, arrivate le perdite, le hanno vendute alla cieca, anche quelle azioni che, dopo un’analisi accurata, sarebbero risultate potenzialmente valide o addirittura sottovalutate. Un chiaro esempio delle scelte sbagliate, dovute anche a problemi attitudinali, è il caso delle azioni Amazon. Passate in poco tempo da 5$ a oltre 108$ in poco più di un anno, sono rimaste per mesi in uno stallo di fascia molto alta per allora, seppur molto volatile, tra 40 e 113$. Allo scoppio della bolla, le azioni Amazon erano tornate a costare circa 5$. All’inizio, accecati dalla voglia di fare soldi facilmente e rapidamente, molti investitori hanno acquistato azioni ad un prezzo maggiore del loro valore reale. Alla fine, impauriti dai pesantissimi crolli appena avvenuti, molti investitori non hanno comprato azioni a prezzi che, per alcune società, potevano essere considerati equi o bassi, se analizzati in maniera neutrale.
Probabilmente, l’attitudine ha un ruolo meno importante dell’età, ma comunque da non sottovalutare, nel determinare la composizione degli investimenti, ma gioca invece un ruolo ben più importante di essa quando si tratta di affrontare guadagni o perdite improvvise, quindi *dopo* aver effettivamente investito. Come detto però, è difficile fare autocritica in tal senso, e molti individui potrebbero sottostimare la loro reazione nel caso di

perdite improvvise di valore complessivo del portafoglio causate da ribassi rapidi del prezzo. Le azioni, fortemente influenzate da numerosi fattori nel breve termine, possono regalare spiacevoli sorprese, che diventano ancora più spiacevoli se affrontate con l'attitudine errata.
Il *tempo da dedicare agli investimenti* rappresenta un'altra componente fondamentale nella scelta degli obiettivi da perseguire. Se si fa, ad esempio, un lavoro che richiede impegno anche fuori dall'orario regolare, è difficile pensare di poter operare spesso sui mercati in maniera attiva.
Roberta investe, in media, 2 volte al mese e, nel farlo, si prende tutto il tempo che le serve, se necessario anche l'intero pomeriggio di un giorno del weekend perché il suo lavoro le permette di poterlo fare. In generale, si può dire che è possibile dedicare tempo agli investimenti anche se si ha poco tempo libero: gestire le proprie finanze personali dovrebbe essere abbastanza importante per dedicarci almeno qualche ora ogni mese. Se è vero che con poco tempo libero a disposizione il numero delle transazioni, o meglio il tempo che si possono studiare i propri investimenti, è strutturalmente limitato, con più tempo libero a disposizione, in ogni caso, non bisogna necessariamente compiere più operazioni. I *costi di transazione* (commissioni di acquisto dirette e indirette, costi di trasferimento del denaro e altri), che nel breve periodo sembrano insignificanti, a lungo andare, possono erodere una buona parte dei rendimenti.

In poche parole:

Sui mercati azionari operano una moltitudine d tipologie di operatori. Tra essi, i più rilevanti dal nostro punto di vista sono gli investitori comuni, come chi legge questo libro, interessati ad investire le proprie disponibilità per ottenere un ritorno economico sostanzioso e coerente con il proprio profilo. Poi, vi sono operatori di dimensione nettamente maggiore: le società non finanziarie, ossia ad esempio quelle tecnologiche, industriali, delle *Utilities* e molto altro, che si quotano in borsa emettendo azioni in cambio di soldi che finanziano l'attività stessa. Nel mercato azionario i veri protagonisti sono gli intermediari finanziari: una categoria che ricomprende al suo interno banche commerciali, banche di investimento, società di assicurazione, società di investimento e molte altre. Esse si occupano di fare, appunto, da intermediari per tutte le operazioni che avvengono sui mercati. Nel mercato azionario, in particolare, hanno una radicale importanza i *Market Maker*, figure che si impegnano, in cambio naturalmente di un profitto, derivante dallo *spread bid-ask*, ad acquistare e a vendere determinati strumenti al prezzo di mercato, quando richiesto dagli operatori. Grazie alla loro presenza, i mercati azionari sono *liquidi*, ossia, solitamente, scambiare azioni richiede pochissimo tempo.
Ognuna di queste categorie ha diversi obiettivi. In particolare, gli investitori comuni vogliono

massimizzare il ritorno sul loro investimento, tenendo conto del suo rischio. Alcuni dei parametri che possono aiutare l'investitore a determinare i suoi obiettivi sono: la propensione al rischio, l'età, esperienza, disponibilità economiche, l'attitudine e il tempo che si può o si vuole dedicare agli investimenti.

Capitolo 8.

I rischi del mercato azionario

Comprendere il rischio delle azioni

Investire in azioni è rischioso?

Sì.

Quanto?

Dipende.
È bene chiarire prima cosa sia effettivamente il rischio, nel caso degli investimenti in azioni. Il rischio più chiaro, per un investitore in *equity*, è quello di non essere in grado di recuperare, in tutto o in parte, la somma investita inizialmente, oppure di non raggiungere gli obiettivi di rendimento prefissati. Poiché un investitore vuole valorizzare il più possibile il suo investimento, il rischio principale che corre è quindi quello di non raggiungere questo scopo.
In generale, il rischio del mercato azionario viene diviso in *rischio specifico* (o *diversificabile*), il quale,

come vedremo, può essere ridotto con la diversificazione poiché dipende dalle caratteristiche dell'emittente stesso, e *rischio sistematico* (o *generico*), non eliminabile poiché facente parte del sistema di fluttuazioni di mercato del suo complesso. Il rischio, quindi, si esplicita su più livelli. Inoltre, un investitore si concentra sul livello della società stessa, quello del settore, delle società concorrenti e potenziali entranti, del Paese o area geografica di riferimento, del cambiamento nelle preferenze dei consumatori o nelle aspettative degli investitori. Infine, ci sono le contingenze, come abbiamo visto, tra cui rientrano i *cigni neri*. È facile notare che i rischi elencati sono sovrapponibili e associabili alle variabili che movimentano il prezzo delle azioni: il rischio, infatti, è associato ad un movimento imprevisto (e non gradito), del prezzo delle azioni. L'entità del movimento del prezzo delle azioni viene misurata algebricamente con la *volatilità* e con il *Beta*, parametri di analisi statistica e finanziaria che vedremo successivamente.

Quali sono i rischi a cui si va incontro investendo in azioni?

Focalizziamoci ora sui rischi del mercato appena esplicitati.

Il primo rischio riguarda la *società* stessa, a livello *corporate* e *business*. Da azionista di una società, speri ovviamente che essa non solo venda i suoi prodotti e servizi a consumatori generando un fatturato, ma anche e soprattutto che essa riesca a registrare un buon profitto, una volta sottratte le voci di costi e imposte a quelle dei ricavi. Osservare l'andamento dei profitti è molto importante per gli azionisti di una società, come abbiamo visto. Talvolta, tuttavia, alcune società non generano profitti consapevolmente, perché ciò è richiesto dalla loro strategia di crescita. Molte aziende di *e-commerce*, ad esempio, hanno operato per anni in perdita per espandere la loro quota di mercato e, una volta arrivate "in cima", hanno iniziato a proporre nuovi prodotti e servizi con ampi margini di profitto, ai numerosi consumatori già conquistati con la strategia in perdita. Oltre ai profitti, bisogna anche osservare anche l'indebitamento della società: domandandosi non solo quale sia l'andamento di questo debito, ma anche quali siano le ragioni di tale indebitamento e la sua sostenibilità nel tempo. Tra gli altri fattori che influenzano il prezzo delle azioni e rappresentano quindi un rischio, vi sono i cambiamenti nel management di un'impresa. L'arrivo, ad esempio, di un manager con forte esperienza sul campo e riconosciuto da molti come un bravo professionista, può influenzare anche molto il prezzo delle azioni. Specularmente, la dipartita di un buon membro del management può spingere in basso il prezzo.

Tutte le operazioni di una società, alla fine, hanno lo scopo di creare prodotti e servizi da vendere per

generare un ricavato. Un azionista non può non conoscere nel dettaglio il *business* delle società in cui investe, i loro prodotti o servizi con i rispettivi punti di forza e di debolezza, e le relative opportunità di crescita o possibilità di ricadute negative nelle vendite. Molti investitori esperti, tra cui Warren Buffett, prediligono aziende con *business* semplici e facilmente monitorabili, comprensibili e che operino in maniera efficiente; anche altri investitori di successo suggeriscono di "investire in ciò che si conosce" (e, dall'altro lato, raccomandano di *non* investire in ciò che *non* si conosce). Anche se non investire in ciò che non si conosce può far perdere alcune opportunità, specie con le tecnologie più recenti con cui hanno a che fare molte società, incomprensibili se non si è tecnicamente esperti del settore, tenersi lontani da esse può anche aiutarci ad evitare brutte sorprese.
Le fluttuazioni legate al rischio della società in sé dipendono anche dal settore in cui la società opera, come visto in precedenza. Ad esempio, una società di ricerca aerospaziale ha interessi e potenziali problematiche diverse rispetto ad una società che si occupa di imballaggi per alimenti. Per la prima società, e per le sue azioni, un lancio missilistico fallito miseramente sarebbe un evento molto negativo; per la seconda, tale scenario potrebbe essere rappresentato da un incendio all'impianto di produzione o uno sciopero prolungato.
Spesso, la società e il settore in cui opera, o meglio le aspettative su di esso, sono sì collegati, ma non nel

modo in cui può trasparire dall'andamento delle azioni. Ad esempio, le azioni di una società di gestione dell'elettricità potrebbero subire pesanti ribassi a causa di riduzioni tempestive del prezzo del petrolio, cui, appunto, è ancorato il prezzo dell'elettricità. Una società, però, potrebbe avere un modello di *business* diverso dalle altre: ad esempio, potrebbe essere in gran parte *regolata* (ovvero, con ricavi e profitti già stabiliti per legge per i prossimi esercizi). In tal caso, una riduzione *eccessiva* del prezzo delle azioni potrebbe non essere effettivamente giustificata dall'abbassamento del prezzo del petrolio, ma potrebbe comunque avvenire perché tale società subisce i ribassi generalizzati del settore. Ecco che, avendo tenuto conto di molti altri fattori, potrebbe esserci un'opportunità di acquisto di azioni ad un buon prezzo.

Il caso generale, tuttavia, è quello in cui il ribasso del prezzo delle azioni di una società è effettivamente giustificato da shock nel settore in cui essa opera. All'inizio della pandemia di COVID-19 del 2020, le azioni delle società calcistiche europee hanno perso molto valore. Ciò è comprensibile: anche se l'irrazionalità e la paura di molti investitori (e meccanismi di protezione automatica del capitale) hanno spinto le azioni di tutti i settori al ribasso in maniera estremamente tempestiva, è chiaro che tali società avrebbero subito impatti *reali* sui loro business con la chiusura degli stadi a tempo indeterminato, quindi minori ricavi, e maggiori costi per le nuove procedure di sicurezza sanitaria

richieste da questa situazione di emergenza. Dunque, il rischio legato al settore in cui opera una società è uno dei più importanti elementi da considerare per un investitore. Per farlo, è importante conoscere bene le caratteristiche e le componenti di ogni settore scelto.
Le componenti di ogni settore, *per un investitore*, sono le varie *società* che ne fanno parte. Al contrario, un *consumatore* percepisce maggiormente i *brand* dei prodotti o servizi che può acquistare, spesso ignaro del fatto che essi appartengano alle medesime società. Negli Stati Uniti, vi sono numerosissimi brand di patatine, ma pochi di questi detengono la maggior parte della quota di mercato. In particolare, molti dei *Top Brand* di patatine sono di proprietà della stessa società: PepsiCo. In questi casi, il consumatore potrebbe erroneamente percepirli come suoi diretti *competitors*.
Al contrario, è importantissimo per un investitore osservare i concorrenti *effettivi*. Come già visto nel paragrafo sulle cause alla base dei movimenti del prezzo, le società concorrenti, piccole o grandi che siano, possono rappresentare una componente importante dell'analisi del rischio di investimento in azioni. Il rischio rappresentato dalle società concorrenti è molto elevato in caso di mercato poco frammentato: tornando all'esempio delle società leader nella produzione di microprocessori, le loro due quote sono praticamente speculari e rappresentano la quasi totalità del mercato.

Cosa potrebbe fare in questo caso un investitore interessato?

Le tre possibili soluzioni sono molto semplici: *non investire* in nessuna delle due società né in altre del settore, rinunciando all'investimento, *investire in una sola* delle due società, dopo un'analisi attenta e approfondita del suo business, del bilancio e di tutti gli altri fattori, oppure, infine, *investire in entrambe* le società, assicurandosi, in caso di crescita del settore e al netto di eventi imprevedibili, di aver fatto un buon investimento a prescindere dalla relazione tra le due quote di mercato, sempre che le società siano rimaste leader nel loro settore. Le società concorrenti, infatti, non rappresentano l'unica minaccia di questo tipo per un investitore: vi sono anche le nuove *potenziali entranti* che rappresentano un rischio concreto. In un settore molto attraente, le nuove società potrebbero togliere quota di mercato a quelle presenti. In tal caso, le società già presenti potrebbero anche decidere di comprare le concorrenti, rigirando la situazione a loro vantaggio. Ad esempio, le grandi aziende tecnologiche spendono miliardi di dollari ogni anno per acquisire aziende più o meno *giovani*, cercando di realizzare delle sinergie tra il loro business e quello della società acquisita: il caso dei social network è un chiaro esempio di quanto ciò sia frequente in settori attraenti. Naturalmente, tali acquisizioni possono andare a buon fine, oppure rivelarsi un cattivo investimento.

L'attrattività di un settore dipende da molti fattori. Tra essi, vi sono la redditività, la crescita prevista per i prossimi anni e le barriere all'entrata. Queste ultime si riferiscono a tutti i fattori che ostacolano l'ingresso di nuove imprese nel settore. Nella letteratura economica, le barriere all'entrata sono divise in varie categorie. Esempi di tali barriere sono: la regolamentazione legale del settore (barriere di tipo istituzionale, come per tabacco, elettricità, aeroporti), la necessità di *Know-How* molto specifici (es. microprocessori, ingegneria genetica, trading ad alta velocità), i brevetti (utilizzati, ad esempio, dalle società farmaceutiche o da quelle di software; fanno parte dei comportamenti delle imprese già presenti sul mercato volti ad impedire oppure ostacolare l'ingresso di nuove imprese). Le società già presenti possono anche costruire le loro strategie con l'obiettivo di eliminare la possibile concorrenza: nel caso dell'*e-commerce*, Amazon, ad esempio, pratica una politica di "prezzo più basso": l'utente può segnalare un sito di terze parti su cui il prodotto è venduto ad un prezzo più basso, e la piattaforma provvederà ad abbassarlo fino a tale livello, in modo tale che non ci sia sul web lo stesso prodotto offerto a prezzo minore. Imprese monopoliste od oligopoliste hanno un potere maggiore di imporre la propria volontà. Essere monopolista in uno specifico settore incentiva maggiormente l'impresa ad innovare e quindi a guidare il progresso. Si ha infatti un'idea più chiara di come si evolverà il futuro, anzi, spesso, sono proprio queste società a crearlo. Il resto

semplicemente si adatta. Di riflesso, i mercati concorrenziali si basano su una continua "lotta", una competizione che potrebbe bruciare i profitti senza ottenere alcun tipo di risultato.
Conoscere l'attrattività di un settore e il suo livello di barriere all'entrata è fondamentale per un investitore consapevole.
Un altro rischio importante che si corre investendo in azioni è il rischio relativo al *Paese* o all'*area geografica* di riferimento. Nuove leggi, politiche commerciali, elezioni, cambiamento nei tassi di interesse e politiche monetarie, andamento e previsioni delle economie locali e dei parametri economici nazionali, conflitti, eventi meteorologici, sociali ed economici in un Paese influenzano pesantemente le azioni delle società operanti in tale nazione. Vi è una continua evoluzione della relazione tra individuo e società, che si riflette anche in campo finanziario.
Le osservazioni valgono sia a livello nazionale che a livello di area geografica di riferimento (es. Europa, Sud America). Con la crisi del debito sovrano in Grecia, ad esempio, le azioni di società greche in tutti i settori hanno perso moltissimo valore a causa del rapido deflusso di investimenti da quel Paese. Durante la "guerra dei dazi" tra Cina e USA, le azioni di ambedue le potenze economiche hanno subito forti movimentazioni nei momenti di maggiore incertezza della situazione. Spesso, queste situazioni influenzano il prezzo di un'azione più rispetto a quanto un investitore razionale potrebbe

ritenere corretto. In tali casi, bisogna agire di conseguenza con possibili opportunità di vendita o acquisto, tenuto ovviamente conto della strategia e di altri fattori. Inoltre, un investitore che include azioni di Paesi non-euro, corre anche il c.d. *rischio di cambio*. Immaginiamo che Nabila acquisti azioni statunitensi per 120$, con un cambio con l'euro pari a 1,20: avrà quindi speso 100€. Dopo qualche tempo, decide di rivendere le sue azioni, il cui valore di mercato è ora di 132$.
Le azioni sono salite del 10%!

E il tasso di cambio?

Al momento dell'acquisto era pari 1,20. Al momento della vendita esso sarà probabilmente diverso.
Se il tasso di cambio salisse, ad esempio fino ad 1,30, la nostra amica otterrebbe un guadagno minore del previsto, in euro: la variazione del tasso di cambio, in questo esempio, avrebbe eroso l'85% dei profitti, e Nabila si sarebbe trovata, alla fine, con in mano poco più di 101,50€, anziché 110€ nel caso di non variazione del tasso. Al contrario, con una riduzione del tasso di cambio, ad esempio fino ad 1,10, otterrebbe un profitto maggiore: i suoi 132$ varrebbero infatti 120€, con un guadagno doppio rispetto alla situazione senza variazione del tasso. La maggior parte degli investitori acquista anche strumenti in valute diverse da quella del Paese di residenza, e deve quindi tener conto di eventuali fluttuazioni nei tassi di cambio. Naturalmente,

l'effetto reale del cambio si ha solo quando l'ammontare viene effettivamente convertito da una valuta ad un'altra.
Per alcune società, operanti in determinati settori, un ulteriore parametro di rischio è rappresentato dal cambiamento delle *preferenze* e del *comportamento di acquisto dei consumatori.* Il mercato delle fotocamere era, ad esempio, assai fiorente, fino all'arrivo degli *smartphone.* Questi nuovi prodotti, estremamente innovativi per i clienti, hanno portato una mutazione generalizzata delle preferenze dei consumatori, trasformando radicalmente in poco tempo l'industria di riferimento e portando alcune aziende al (quasi) collasso e altre a generare fatturati colossali. Un esempio più generale di trend di cambiamento delle preferenze dei consumatori è quello del *Retail.* Con la diffusione del commercio online, le persone stanno cambiando rapidamente le loro preferenze di acquisto grazie ad elementi come la facilità e rapidità d'acquisto, la scelta più ampia, i prezzi bassi, le spedizioni gratuite di prodotti e l'accumulazione di punti "bonus" o servizi extra legati all'acquisto. Nei settori che si rivolgono direttamente ai consumatori (B2C, *Business To Consumer*), è molto importante tenere d'occhio le loro preferenze, mentre in altri settori, le preferenze possono avere un impatto meno diretto o addirittura nullo. Tali mutazioni (più o meno) improvvise possono avere un forte effetto sul prezzo, e rappresentano quindi un rischio che l'investitore deve tenere sotto controllo.

Similmente a quanto avviene per le preferenze dei consumatori, anche le aspettative degli investitori hanno un impatto importante (e anzi maggiore), come abbiamo già visto in precedenza. Tali aspettative riguardano tutti i rischi che abbiamo elencato finora: quelli legati alla società, alle società concorrenti, al settore, alle preferenze dei consumatori e anche quelli legati alle aspettative stesse degli altri investitori. È sicuramente importante conoscere le aspettative generali del mercato su tutti questi fronti, ma è ancora più importante avere delle proprie aspettative, formate sulla base di ricerche approfondite, da confrontare eventualmente con le aspettative di mercato.

Come si conoscono le aspettative degli altri investitori?

La teoria più probabile, nell'opinione di chi scrive, è che le aspettative del mercato, o meglio degli operatori attivi, siano in tutto o nella gran parte incorporate nel mercato stesso, ossia nei prezzi degli strumenti finanziari di riferimento. Ad esempio, le aspettative generali sull'industria tedesca in un determinato momento saranno riflesse negli indici azionari di quel Paese, così come le aspettative sulla situazione economica italiana sono rispecchiate dal tasso di interesse (e dal conseguente *spread*) che lo Stato paga sui Titoli di Stato che emette. Come abbiamo sottolineato, queste aspettative possono anche *non* essere rispecchiate del tutto nei prezzi, oppure le aspettative incorporate nei prezzi possono non essere giuste: in questo modo, si possono creare dei disallineamenti (asimmetrie informative) che possono portare a buone opportunità di investimento o disinvestimento per l'investitore consapevole.

Il Cigno Nero

Infine, tra gli elementi che vogliamo considerare nel rischio del mercato azionario, vi sono le contingenze, tra cui rientrano i *cigni neri*, nominati varie volte. Il termine contingenze indica tutti gli eventi *esterni* che in qualche modo possono influenzare (anche pesantemente), il prezzo delle azioni di una società. Consigliamo a chi legge di provare ad immaginare delle contingenze (sociali, economiche, geopolitiche), più o meno probabili che potrebbero influenzare il prezzo delle azioni.
Tra le contingenze, rientrano appunto i cigni neri. Questa terminologia è stata coniata da N. N. Taleb nel suo libro "Il Cigno Nero" ed è poi divenuta di uso (forse troppo, forse non abbastanza), comune nel mondo della finanza e delle scienze sociali. Secondo Taleb, il Cigno nero è un evento imprevedibile (non necessariamente negativo) e di grande portata relativamente all'osservatore.

Quale potrebbe essere il prossimo Cigno nero?

Per definizione ("imprevedibile"), non è possibile rispondere. Possiamo però osservare dei casi passati di Cigni neri, sempre da "Il cigno nero": ad esempio, l'invenzione quasi "accidentale" del laser, che poi ha portato enormi innovazioni in numerosissimi campi. Come abbiamo detto, però, il Cigno nero va misurato in relazione all'osservatore: non deve essere necessariamente di portata globale.

Un altro esempio riportato dall'autore è infatti quello di un casinò, che, dopo aver speso milioni di dollari per sistemi antifrode tecnologicamente avanzati (rilevatori, telecamere, sensori), si è trovato in una brutta situazione dopo aver scoperto che, per anni e per qualche strano motivo, un dipendente non aveva correttamente realizzato le fatture. Per il casinò, sarebbe stato impossibile prevedere una tale situazione.

Taleb esprime la sua logica per la quale "(il) Cigno nero rende ciò che non si sa molto più importante di ciò che si sa". L'autore si riferisce in particolare al mondo della finanza e delle scienze sociali, ma tale ragionamento è di portata assai più generale e deriva dalla consapevolezza socratica di "sapere di non sapere". Per l'ambito che ci interessa, è importante quindi non dimenticarsi di considerare che nel mercato azionario possono esservi movimenti improvvisi causati da eventi del tutto inattesi. Un modo per proteggersi nominato da Taleb è quello di acquistare strumenti derivati, che non tratteremo se non brevemente. Questo ragionamento, così apparentemente semplice, non viene seguito da molti investitori. Anche i ragionamenti di Taleb sull'utilizzo della *normale* sono molto utili e si collegano bene all'interpretazione quantitativa della finanza: spesso, afferma l'autore, le persone tendono a sottostimare la probabilità di eventi (relativamente) poco probabili.

In poche parole:

Il rischio è una delle componenti più importanti degli investimenti. Il rischio di investimenti in azioni, ma non solo, deriva da fattori specifici, riguardanti cioè l'emittente stesso, e da fattori generali, difficilmente controllabili da parte dell'investitore poiché dipendenti dai movimenti del mercato. Il rischio si esplica su più livelli: quello della società stessa, quello del settore in cui opera e delle società concorrenti, importanti da tenere sotto controllo insieme alle nuove società potenziali entranti, quello riguardante il Paese in cui la società ha sede (o quelli in cui opera). Vi è anche il rischio di cambio, legato ad eventuali fluttuazioni dei tassi di cambio tra valute diverse.
Un ulteriore rischio per l'investitore deriva dal cambiamento delle preferenze dei consumatori in relazione a determinati prodotti o servizi offerti dalle società in cui ha investito. Con le numerose nuove tecnologie disponibili oggi, è facile ricordare quali società sono state spazzate via dall'innovazione di altre società, e si può, in parte, immaginare quali saranno in futuro quelle che potrebbero fare una fine simile. Inoltre, un investitore deve tenere sotto controllo le aspettative degli altri investitori. Esse si possono osservare, in linea di massima, attraverso l'andamento del prezzo degli strumenti finanziari di riferimento.
Infine, i *cigni neri* sono eventi inaspettati e imprevedibili che possono condizionare fortemente il

mercato azionario. Per definizione, non si può prevedere quali saranno i prossimi, ma è possibile prendere delle precauzioni (finanziarie) a riguardo.

Capitolo 9.

Strategie

"Se avete costruito castelli in aria, il vostro lavoro non sarà sprecato: è quello il posto in cui devono stare. E adesso metteteci sotto le fondamenta."

Henry David Thoreau

La vita è guidata dalle emozioni

Potremmo immaginare l'uomo come un pendolo che oscilla tra la razionalità e le emozioni. Esse permettono di sentirci vivi e in sintonia con ciò che ci circonda. Non hanno il bisogno di essere attivate, nulla è più naturale della loro esistenza: senza di loro il mondo apparirebbe grigio e nessuno avrebbe la spinta necessaria a svegliarsi la mattina e perseguire i propri sogni. I sogni sono alla base del progresso e del miglioramento della qualità della vita di ognuno, tuttavia, le emozioni non sono sufficienti. Affinché si possa realizzare concretamente una qualunque forma di sviluppo è necessario che il tutto sia accompagnato dal pensiero, dalla logica, o meglio dalla razionalità e, infine, dalle azioni. A volte, le

emozioni non consentono di intraprendere la strada migliore.
Anzi, capita spesso di cadere in errori che avremmo potuto evitare se solo ci fossimo fermati a pensare un attimo prima di compiere una specifica azione.
Le emozioni sono lo strumento attraverso cui è possibile individuare un obiettivo e la base principale per motivare sé stessi nel tempo. È necessario però costruire, e per farlo bisogna ragionare.

Strategia significa costruire

Potrebbe essere immorale avere come unico scopo di vita il denaro. Molti pensano che le emozioni non abbiano nulla a che fare con esso.

Vorresti mai trovarti nella situazione in cui tuo figlio non abbia la possibilità di continuare gli studi e di perseguire di conseguenza i propri sogni?

E ci sono anche situazioni molto peggiori di questa. Bisogna essere realisti e capire che viviamo in un'epoca storica nella quale il denaro è spesso lo strumento di prim'ordine per dare vita alle proprie aspirazioni. Gestirlo al meglio è dunque fondamentale. La soluzione ad una logica del genere prende il nome di *strategia*. Essa ci offre la possibilità di costruire quel ponte che ci proietta direttamente verso la realizzazione dei nostri obiettivi.

La strategia è uno strumento attraverso cui si evita che le emozioni abusino di noi stessi. Inoltre, ogni obiettivo, che sia di una certa importanza, è caratterizzato dal fatto di poter essere realizzato in periodi di tempo decisamente lunghi. Siamo temporalmente incoerenti, e una preferenza espressa oggi potrebbe essere radicalmente diversa un domani, mettendo a repentaglio la riuscita dei progetti. La pianificazione strategica evita di compiere un errore di questo tipo. Inoltre, le emozioni potrebbero influenzare le tue scelte, dando vita a dei veri e propri problemi di *self-control*. Una delle frasi più pericolose, che spesso ascoltiamo, recita: "Vivi la giornata e non preoccuparti di ciò che accadrà in futuro".

Ma siamo sicuri che senza aver dato alcun tipo di peso al futuro riuscirai, fra qualche anno, a "vivere la giornata"?

Ragionare in questi termini non è, come potrebbe apparire, sintomo di ansia. Al contrario, delineare al meglio le prossime azioni da compiere permetterà di essere maggiormente tranquillo in ogni momento della tua vita, soprattutto in quelli più difficili, nei quali è semplice farsi trasportare dalla negatività e compiere un qualcosa di controproducente.
Le azioni, come spiegato nei capitoli precedenti, rappresentano un utile strumento per accrescere la propria ricchezza. La loro efficacia dipende sia dal tempo dedicato all'acquisizione delle informazioni

necessarie, sia da come tali informazioni sono giudicate e filtrate in base alla strategia d'investimento adottata.
Tutti i grandi investitori hanno una strategia che ha consentito loro di accrescere a dismisura il proprio conto in banca. Potremmo considerare l'attività d'investimento come un'*arte*, o uno *sport*. Disciplina e concentrazione sono indispensabili per ottenere il miglior risultato possibile. Entrambe si perfezionano con l'allenamento e con il testare più e più volte una strategia.
Nulla va lasciato al caso, e solo una mentalità che abbia dalla sua la capacità di osservare ciò che la circonda attraverso una prospettiva mutevole nel tempo e nelle circostanze determinerà una consapevolezza tale da non indurti in futuro a discostarti irrazionalmente dalla strategia adottata. Ovviamente, non tutto è perfetto e ci sarà sempre l'occasione o la necessità di limare le regole imposte modificando e adattando la strategia.

Ogni persona è diversa.

Diversa sia dagli altri che da chi diventerà in futuro. La diversità deriva dalle caratteristiche soggettive ma anche e soprattutto dalle circostanze in cui ognuno vive. Sulla base di ciò vengono fissati gli obiettivi.
Lo scopo è quello di capire come la propria vita si evolverà nel tempo. Una precisa cognizione del futuro è essenziale per comprendere al meglio che tipo di strategia d'investimento adottare: la

costruzione del portafoglio che più si adatta alle tue esigenze deriva dal grado di rischio che si vuole sostenere. Si sceglierà allora di allocare la maggior parte del capitale in azioni *growth* e obbligazioni, oppure in azioni *value* ed ETF, o molto altro, a seconda delle necessità. Gli obiettivi che ti poni dipendono anche dalla tua età, come abbiamo visto. Avere 20 anni presuppone che si abbiano degli scopi sicuramente diversi da quelli di una persona adulta. Non esiste quindi una strategia che sia univoca e valevole per tutti. Oltre all'età, vi sono molti altri parametri che abbiamo descritto anche in precedenza.

Il prezzo di un titolo ne rappresenta il valore?

Il prezzo di mercato di un titolo azionario dipende da innumerevoli fattori, e, in maniera generale, dalla domanda e dall'offerta relativa all'azione stessa. Una maggiore quantità di ordini di acquisto determina un rialzo del prezzo, a parità di offerta, e viceversa. Di conseguenza, il prezzo è il risultato di una continua attività di scambio tra acquirenti e venditori. Ciò non fa altro che far fluttuare nel tempo il valore azionario di una società.
È importante osservare come in una situazione del genere l'irrazionalità umana prenda spesso il sopravvento. Si tratta del *sentiment* diffuso e di come gli investitori percepiscono le fluttuazioni appena

citate. La mente umana presenta innumerevoli bias cognitivi: si è facilmente influenzabili da fattori esterni e dalla propria esperienza passata. I motivi di una scelta d'investimento derivano quindi dalle circostanze, per molti operatori, e più un evento è importante, più impatterà sull'acquisto o sulla vendita di specifici titoli azionari. Capita quindi spesso che una società venga sopravvalutata o sottovalutata rispetto al suo "reale" valore. Il prezzo di un titolo è il risultato del giudizio di un gruppo di individui: non sempre, però, il giudizio di ciascuno di tali individui si basa su uno studio accurato della società in cui vuole investire. Si potrebbe voler detenere un titolo solo perché popolare (è facile pensare a degli esempi), o a causa di una fuga di notizie positive che, tuttavia, non rappresentano accuratamente il possibile sviluppo futuro della società.

Un bravo investitore non dovrebbe quindi lasciare che il giudizio degli altri investitori influenzi eccessivamente la propria strategia. Essa appartiene unicamente a te stesso ed è modellata sulla base delle tue preferenze. La volontà altrui potrebbe distrarti e distaccarti dai tuoi obiettivi. Non è assolutamente detto che l'aumento del prezzo di mercato di un'azione corrisponda ad una maggiore qualità della società, e vale lo stesso per una situazione di ribasso.

La *Dot-com Bubble*

Le bolle speculative sono un esempio dell'irrazionalità degli investitori.
Gli anni '90 furono il periodo del boom delle prime società tecnologiche. Spinti dallo sfrenato ottimismo iniziarono a fiorire molte società di questo tipo e, con loro, le relative quotazioni in borsa. Moltissimi imprenditori mostravano il desiderio di cimentarsi nella creazione di una società che potesse cavalcare la crescente onda tecnologica di quegli anni. Così era anche il desiderio da parte degli investitori di possedere una loro partecipazione azionaria. Si investiva per il solo motivo di omologarsi alla situazione corrente e perché si pensava che qualsiasi impresa nata in quegli anni avesse la possibilità di avere un radioso futuro. Ma così non era. Nel 2001 la bolla esplose, poiché il mercato si accorse che valore di mercato di numerosissime società si distaccava nettamente dal loro valore intrinseco.
In molte di queste società, una pessima situazione finanziaria non era quantomeno controbilanciata da un probabile roseo sviluppo futuro. Molte di queste società non avrebbero mai profittato. Non avrebbero creato alcun tipo di valore. Il tutto dipende dal business messo in atto, ma anche da una peculiare gestione delle risorse a disposizione.
La frenesia di essere protagonisti di quel cambiamento epocale e la fiducia riposta nel giudizio altrui, guidato da un ambiguo ottimismo, erano alla

base di una corposa ed ingiustificata compravendita di azioni. Era troppo tardi quando la bolla esplose e miliardi di dollari furono bruciati dal fuoco dell'irrazionalità.

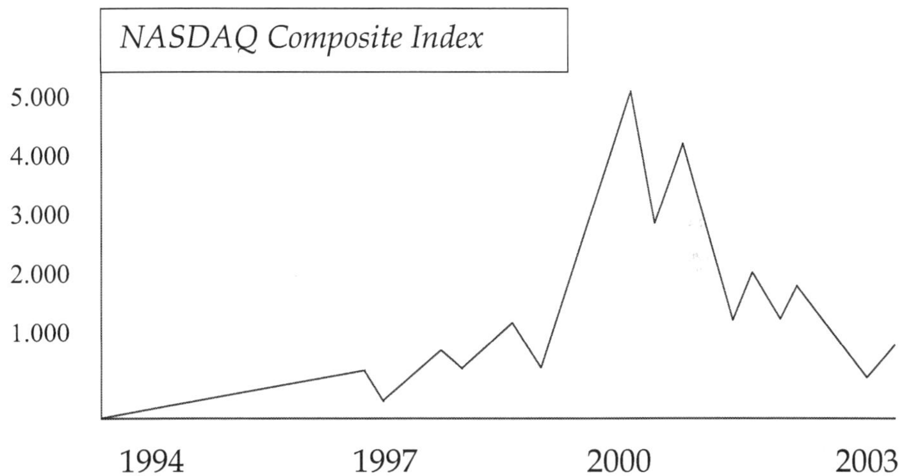

Sei ancora sicuro di non voler attuare una strategia che ti dia quanto meno la possibilità di evitare catastrofi del genere?

Sarebbe stata necessaria una semplice e trasparente lettura dei bilanci delle società e una comprensione del business attuato. Il valore reale di un'azione dipende dal valore del suo *business* ed è su questo che dovresti concentrarti come investitore.
Chi specula si concentra invece in maniera molto maggiore sui movimenti del prezzo, specialmente a

breve termine.
Una società potrebbe avere un enorme valore intrinseco,
ma essere contraddistinta in quel momento da un'elevata
sottovalutazione di mercato. Il rendimento che si ottiene dai propri investimenti dipende dal prezzo di acquisto dell'azione: esso potrebbe essere troppo alto e non consentirti di realizzare i rendimenti auspicati dalla tua strategia. Scegliere bene il momento in cui si vuole acquistare un titolo è di estrema importanza. Il rendimento del tuo portafoglio dipenderà molto dal *timing* di entrata. Allo stesso tempo, aspettare che il prezzo sia "perfetto", ossia scenda al livello desiderato, può essere rischioso se poi tale livello non viene raggiunto. Soprattutto nel lungo termine, col senno di poi, spesso l'importante è aver acquistato, non contano piccole differenze di entrata.
In ogni caso, più il prezzo aumenta, più la società diventa pericolosa, se a tale aumento non corrisponde un miglioramento delle condizioni di business reali della società: si riducono quindi i possibili rendimenti e aumenta il distacco tra il valore di mercato e quello "reale" della società.

Sei tu a scegliere

Consentiresti mai ad un pazzo di avere uno sfrenato controllo sulla tua vita?

Nessuno affiderebbe sé stesso ad uno squilibrato.

Allora perché gli individui si ostinano a prendere delle decisioni sulla base dei movimenti del mercato, tralasciando, ciò che è davvero importante?

Il mercato influenza i tuoi stati d'animo: si passa da un ottimismo euforico all'assoluta disperazione in brevissimo tempo. Ed è anche la tua situazione interiore che ti guida verso una determinata scelta, compito che invece dovrebbe essere unicamente svolto dalla strategia che hai delineato. Il mercato è imprevedibile così come lo sono gli stati d'animo. Eliminare l'imprevedibilità dalla vita è impossibile. L'incertezza governa il nostro mondo.
Bisogna semplicemente minimizzare il rischio ed essere comunque consapevoli dei propri limiti. Non esiste alcun tipo di portafoglio che ti dia una probabilità pari al 100% che il tutto vada sempre per il meglio e che non si incorra in alcuna perdita. Bisogna rimanere umili e capire che non si può in alcun modo prevedere il futuro: anche i migliori analisti finanziari sbagliano. Il passato non è uno strumento sufficiente per effettuare una stima di come si evolverà un determinato settore o un'impresa. Una società potrebbe aver registrato

ingenti guadagni nei 30 anni passati, per poi fallire miseramente (e sono davvero molte quelle ad essersi imbattute in una situazione di questo tipo). È necessario guardare oltre e chiedersi:

Questa impresa riuscirà a mantenere il suo prestigio e ottenere, quanto meno, quel tipo di ricavi anche in futuro? Il suo business sarà sostenibile anche fra 20 anni?

Non è di certo semplice trovare una risposta. Si richiede una buona analisi dei bilanci, del settore di appartenenza, delle imprese concorrenti, delle future tecnologie e di tanto altro ancora. Una società che non sia direttamente concorrente oggi potrebbe esserlo domani, e nuove società potrebbero emergere. Molte imprese tendono sempre di più ad una estrema diversificazione dei business: l'obiettivo è quello di sfruttare al meglio il mercato e i suoi movimenti, compito che prima era lasciato all'investitore. Devi trasformare il mercato da padrone a tuo amico, e fare in modo che tu abbia il controllo assoluto su te stesso. La vera sfida per un investitore non è battere il mercato o sovraperformare i portafogli degli altri, ma avere la forza di escludere dalla propria testa ogni tipo di pensiero negativo che possa farti distaccare dalla strategia che hai scelto di adottare. Non ha senso stabilire di mantenere un certo *modus operandi*, se al primo forte ribasso la paura ti induce a vendere un titolo.

Una turbolenza in aereo non significa (sempre), che stai per precipitare.

Statisticamente parlando, è impossibile che una società non debba mai affrontare una brutta situazione e che, quindi, il prezzo di mercato non possa mai scendere per un (breve o meno) periodo di tempo. Ciò che conta è il lungo termine, le piccole oscillazioni non dovrebbero in alcun modo interessare ad un investitore di lungo periodo. Se ti fidi veramente della società in cui hai investito non l'abbandonerai mai, sempre che essa continui a rispecchiare la strategia adottata.
Per questo motivo è importante scegliere fin dall'inizio le giuste società: è necessario che siano giuste per l'investitore e per le sue esigenze personali.

"Molti credono in x, ma la verità è l'opposto di x."

Peter Thiel

Strategia significa anche autostima e fiducia in sé stessi. Se il tuo pensiero è in contrasto con quello della maggior parte delle persone non preoccuparti, potrebbero essere gli altri ad aver torto.

Non devi per forza guadagnare più della media, ma devi profittare abbastanza per raggiungere i tuoi obiettivi, tenendo conto di alti e bassi: devi

assicurarti di tagliare il traguardo, non di farlo prima degli altri. Strategia significa serenità: se conosci in fondo la società, i movimenti di mercato non ti preoccuperanno.
Inoltre, è bene capire che chiunque può compiere degli errori e che anche una società fiorente potrebbe arrivare ad un punto tale da fallire da lì a poco. Ammettere i propri sbagli e rimediare è sempre possibile. Un bravo investitore è un "realista che vende agli ottimisti e compra dai pessimisti", come descritto brillantemente da Benjamin Graham. Se vuoi accrescere realmente la tua ricchezza sfrutta l'interesse composto e investi costantemente ciò che hai guadagnato in precedenza. Per avere un'idea migliore di quanto rischio puoi assumere, ragiona sulle circostanze fondamentali della tua vita, quando entreranno in gioco, quando potrebbero cambiare e in che modo possano influire sulla tua necessità di denaro.

Ecco alcune domande che dovresti porti:

- *Vorresti andare a vivere da solo? Quando?*

- *Vorresti crearti una tua famiglia? Quando?*

- *Il lavoro di cui ti occupi è sicuro? Avrai questo lavoro anche in futuro?*

- *Che livello di perdite puoi riscontrare con i tuoi investimenti?*

Una volta trovata una risposta e dopo aver compreso quanto rischio puoi sostenere, modifica le caratteristiche della tua strategia solo quando cambieranno le circostanze della tua vita.

Una società come amica

Spesso ti si presenteranno buone opportunità di investimento, ma dovresti prendere in considerazione unicamente le società che conosci realmente. Dovresti soffermarti su quelle con cui sei in "contatto" nella vita di ogni giorno e delle quali hai una chiara idea del modello di business realizzato.

- *Cosa vende o realizza quest'impresa?*
- *Riuscirà a creare valore anche in futuro?*

Affideresti mai il tuo denaro a degli sconosciuti? No. Le migliori società a cui destinare il proprio capitale sono quelle con cui hai una certa sintonia. Non per forza bisogna essere clienti, ma è necessario conoscere il suo *business* e i prodotti o servizi che offre, nonché la sua situazione finanziaria e patrimoniale. Acquistare delle azioni non significa affatto venderle necessariamente in un periodo successivo, anche qualche anno dopo dovresti avere la sicurezza che il tuo è stato un investimento corretto. Una visione del genere ti permetterà di evitare di essere condizionato da eventuali fluttuazioni di mercato. Immagina, inoltre, di non dover acquistare una singola partecipazione azionaria ma l'intera società.

Vorresti essere il proprietario di un'impresa che non ti piace?

Il momento più importante nel rapporto tra un investitore e le sue azioni è quello dell'acquisto. Successivamente, è importante però capire quando disinvestire, ossia vendere le proprie azioni.

Perché bisognerebbe vendere le proprie azioni?

Vi sono varie possibili motivazioni, vediamone alcune. L'investitore potrebbe avere urgente bisogno di liquidità, per i motivi più disparati, e dunque vendere le proprie azioni potrebbe essere una soluzione.
Il motivo principale del vendere risiede però nella caduta dei presupposti stessi dell'investimento: acquistando azioni di una società, ad esempio perché era leader nel proprio settore, può portare a venderle se perde questo vantaggio competitivo. Lo stesso può accadere per cambiamenti in altri parametri. Se il prezzo dell'azione scende troppo, la tolleranza al rischio dell'investitore potrebbe essere forzata eccessivamente, e anche questo può portare alla vendita, a seconda delle caratteristiche di ognuno. Infine, non bisogna dimenticare di valutare il costo

opportunità. Se ci accorgiamo che ci sono altri investimenti che rispecchiano le nostre necessità e che potrebbero rendere più di azioni che abbiamo già, è conveniente cambiare, tenendo conto dei costi di transazione.
Allo stesso tempo, è possibile anche approfittare delle oscillazioni a ribasso dei prezzi azionari. Tali momenti possono essere l'occasione per acquistare azioni ad un prezzo minore. Ricerca l'ottimismo nel pessimismo altrui. A volte, conviene investire in società che hanno un certo vantaggio competitivo nel settore in cui operano, o meglio le leader. Pensa al loro business e capisci quanto sono amate dai consumatori. Esse dovrebbero essere caratterizzate da una forte *Brand Recognition*: pensando in termini generali ad un oggetto,
lo associ direttamente all'impresa che ne produce una sua forma? È importante osservare come una buona società, in determinati settori, riesca ad aumentare i prezzi senza perdere una fetta dei propri clienti.
Le migliori società in cui investire sono quelle che sono riuscite a creare un qualcosa di nuovo, differente rispetto agli standard precedentemente accettati. Più un'impresa stravolge le nostre abitudini, o meglio la nostra vita, e più questa riuscirà a creare valore nel tempo. Inoltre, non diffidare fin da subito di un settore appena nato. Di solito, infatti, le future grandi imprese partono dal basso per poi allargare il proprio mercato. Tempo fa, nessuno immaginava che in futuro, ci *sarebbe stato un computer in ogni casa*; esso era uno strumento per

soli uffici e fabbriche.

Scegli quelle società che vanno da 0 ad 1 e non da 1 ad n. Di queste ce ne sono già troppe.

Seguendo il ragionamento di Thiel, usa sempre il tuo cervello e non quello degli altri. Gli esperti non hanno sempre ragione: nel 2008 quasi nessuno aveva messo in discussione i bilanci delle banche e società finanziarie che sarebbero poi andate in bancarotta. Inoltre, tieni costantemente d'occhio i costi da sostenere: commissioni applicate e imposte. Essi potrebbero pesantemente minare i rendimenti previsti anche se il tuo portafoglio ha sovraperfomato il mercato, soprattutto nel lungo periodo. Inoltre, ogni investitore dovrebbe diversificare al meglio i titoli azionari detenuti. In tal modo, si minimizza il rischio, soprattutto quello di essere troppo esposti ad un settore. Potresti prendere in considerazione quelle società poco popolari. Una maggiore popolarità del titolo può significare una più alta speculazione, e quindi una maggiore differenza tra il prezzo di mercato e il valore reale della società. Comprendere la società non basta, è necessario effettuare delle ricerche specifiche e più tecniche, utilizzando dei parametri tra cui quelli di cui discuteremo successivamente. I ricavi di oggi e quelli futuri di una società dipendono molto anche dalla qualità della loro gestione, o meglio del management. I dirigenti dovrebbero operare nell'interesse della

società e tralasciare i propri obiettivi. Osserva le relazioni passate e le loro previsioni per capire se le hanno successivamente rispettate. Inoltre, le società dovrebbero investire il loro denaro in modo produttivo. Fai affidamento al loro rendiconto finanziario. Scopri se la liquidità operativa è cresciuta costantemente negli ultimi 10 anni e in altri orizzonti temporali. Osserva com'è strutturato il debito. In genere, il debito di lungo periodo dovrebbe essere inferiore al 50% del capitale totale, e il tasso d'interesse dovrebbe essere fisso, e non variabile.
I dividendi sono spesso il motivo principale per cui un investitore individuale acquista azioni. Prendi quindi in considerazione quelle società che distribuiscono una parte dell'utile ai propri azionisti, se è in linea con le tue strategie. La percentuale di dividendo dovrebbe essere cresciuta nel corso degli ultimi anni. Considerazioni simili dovrebbero essere effettuate sulla crescita degli utili, o quanto meno sulla loro stabilità, nel corso dei precedenti 5, 10 anni o oltre. Per quanto riguarda la lettura del bilancio, è consigliabile non tralasciare alcun dettaglio. Alcune società cercano in qualche modo di nascondere informazioni importanti, sicuramente negative.

Il *Value Investing* e il *Growth Investing*

Il *value investing* (investimento "di valore") è tra le strategie d'investimento più note. Benjamin Graham, autore di *The Intelligent Investor*, ne è considerato il

padre fondatore, mentre Warren Buffett, considerato l'investitore migliore di tutti i tempi, è tra coloro che meglio l'hanno applicata. Il *Value Investing* è una tecnica che prevede l'acquisto di un titolo azionario ad un prezzo di mercato *minore* del valore intrinseco dello stesso. È quindi necessario investire in quelle società *sottovalutate* ma che mostrano un'ottima capacità di creare valore nel tempo. L'obiettivo è ottenere un *margine di sicurezza* tale da generare un buon rendimento o di coprire appieno gli eventuali ribassi.
Si ha, così, la possibilità di sfruttare una maggiore probabilità di realizzare dei profitti nel momento in cui si decida di vendere le azioni in possesso, ma si possono anche ricevere dividendi se si mantengono le posizioni.
Si è costantemente alla ricerca di quelle società il cui prezzo di mercato appare scontato rispetto al suo valore reale. Esso cambia lentamente, a differenza delle repentine oscillazioni di mercato che potrebbero essere influenzate da giudizi altrui errati. In termini di multipli di mercato, ci si concentra su quei titoli con un basso rapporto Prezzo/Utili o Prezzo/Valore Contabile, parametri che osserveremo successivamente. È semplice osservare come si dia maggior peso ai risultati odierni e passati dell'azienda invece che ai possibili profitti futuri. Un *Value Investor* è colui che trascende dal comportamento altrui. Preferisce quelle società anche impopolari, lontane dalla speculazione e quindi dal giudizio (spesso errato) di mercato diffuso in un

certo momento. Un'impresa potrebbe infatti attraversare un periodo difficile e il suo valore di mercato potrebbe contrarsi, sino a rappresentare un'ottima opportunità d'investimento. Una cattiva performance registrata nel breve periodo non è il presupposto essenziale per dedurre che si tratti di una società senza alcun tipo di valore futuro.

Prendiamo in considerazione un'importante squadra di calcio quotata in borsa.
È tra le squadre più titolate al mondo, con un forte brand e una situazione finanziaria stabile. Gli utili e i dividendi sono in crescita da oltre 20 anni, grazie a biglietti costosi e merchandising venduto in tutti i Paesi. Inoltre, vi giocano i calciatori più acclamati del pianeta. Trascendendo dallo sviluppo del settore, destinarvi una parte del proprio capitale sarebbe un ottimo investimento. Tuttavia, il calcio insegna che spesso il denaro non sia il presupposto fondamentale per vincere le competizioni. Immaginiamo che si perda la finale del trofeo più importante dell'anno. La maggior parte degli investitori correrebbe ai ripari, vendendo le proprie posizioni. Il prezzo delle azioni diminuirebbe vertiginosamente rendendo il titolo poco appetibile e generando un ottimo margine di sicurezza. Se conoscessi bene la società capiresti che è il momento adatto per acquistare più azioni possibile ad un prezzo "scontato". La squadra, probabilmente, continuerà a registrare importanti vittorie, e soprattutto ingenti ricavi, anche in futuro, a prescindere dall'ultima sconfitta, e il prezzo delle

azioni potrà tornare a salire.

Quando acquisti un'azione stai ottenendo il valore intrinseco della società, non un semplice numero. Aspettare il momento giusto per investire è fondamentale nel *Value Investing*, data l'importanza del prezzo di acquisto.
Il *Value Investing* si basa sulla pazienza e sulle opportunità ed esse si generano quanto più si manifesta l'irrazionalità dei mercati. Il lungo periodo è ciò conta. Una strategia del genere si basa su una minore propensione al rischio: avrai la possibilità di vivere in maniera più serena e tranquilla.
Il grafico sintetizza al meglio la strategia del *Value Investing*: il momento migliore per acquistare le azioni di una società è quando il prezzo è minore di circa il 40% rispetto al valore reale (contabile) della stessa. In questo modo si ha la possibilità di usufruire di un margine abbastanza ampio da neutralizzare le eventuali perdite e per giovare di un rendimento più alto. Un prezzo azionario maggiore del valore contabile della società indica una sopravvalutazione della stessa e presuppone una strategia opposta a quella esplicitata finora.

"Il prezzo è ciò che paghi, il valore è ciò che ottieni."

Warren Buffett

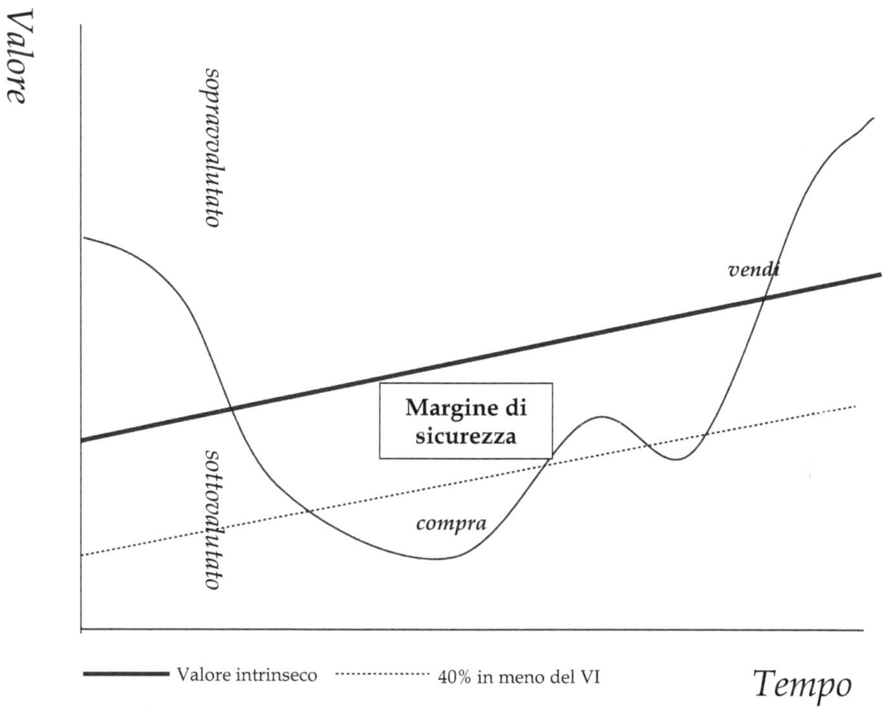

Il *Growth Investing* è una strategia d'investimento che si concentra maggiormente sulle aspettative di crescita future di un'impresa e sul suo settore di appartenenza. Si investe in quelle società in rapida crescita che operano in settori nuovi e in espansione.
L'obiettivo principale è quello di registrare dei rendimenti sopra le media e di battere possibilmente il mercato, ossia gli indici più importanti. Si considerano spesso anche quelle società con un elevato rapporto Prezzo/utili (P/E ratio): i possibili risultati futuri hanno, oggi, un enorme valore in quanto si presuppone che queste possano aumentare

ulteriormente il grado delle proprie *performance*. Si sceglie di acquistare un titolo sulla base delle aspettative degli utili futuri piuttosto che su quelli passati. Di solito, queste società non distribuiscono dividendi, preferendo reinvestire tutto il profitto all'interno dell'impresa. Aumentano, in tal caso, le probabilità di successo, se il denaro viene investito correttamente. È importante osservare come una società voglia conquistare nel lungo periodo un vantaggio competitivo di rilievo rispetto ai propri competitors. Bisogna quindi analizzare non solo il settore di appartenenza ma anche quei settori che potrebbero in futuro avvicinarsi a quello selezionato: le insidie sono sempre dietro l'angolo. Ci si concentra, talvolta, su società appena nate o nate da poco con enormi potenzialità di crescita. Scegliere la migliore non è semplice, soprattutto quando si è dinanzi ad una corposa speculazione (sopravvalutazione di mercato) che potrebbe indurre ad investire in società di poco valore, e anche perché vi sono numerosissime società quotate. D'altronde è ciò che accadde negli anni 90' con le prime società tecnologiche e con la conseguente *Dot-com Bubble*. Anche in tal caso è necessario non farsi influenzare in alcun modo dal giudizio altrui e da problemi di auto-controllo. Investire in società con ottime prospettive non significa non avere una strategia. Bisogna quanto più avvicinarsi ad una comprensione efficace degli sviluppi futuri.

È quindi opportuno concentrarsi *in primis* sulla scelta del settore.

- *Come si evolverà il mondo nei prossimi anni?*

- *In che modo cambieranno le abitudini degli individui?*

- *Di cosa avremo sempre più bisogno in futuro?*

- *Quali settori presentano uno sviluppo tecnologico più concreto?*

Basti pensare all'Intelligenza Artificiale, ai *Quantum Computing*, alla realtà virtuale, alla *blockchain*, alla crescente considerazione dell'ambiente, agli *Smart Materials*, all'acqua, alla legalizzazione della cannabis. La loro evoluzione, così come quella di altre innovazioni, cambierà per sempre il modo attraverso cui percepiamo il mondo che ci circonda.
Al pari degli altri mercati, anche in questi, si imporranno delle imprese leader. Il tutto sta nel capire quali, anticipando i trend.
Per farlo è utile osservare alcuni importanti parametri:

- Crescita degli utili nel recente passato (5-10 anni);
- Stime di crescita degli utili nei prossimi anni;
- Margini di profitto elevati (o potenzialmente tali);

- Ottimo ROE (*Return on Equity*);
- Buone performance, se possibile, del valore di mercato delle azioni negli ultimi anni;

Ad un *growth investor* non importa se il titolo abbia una sopravvalutazione di mercato al momento dell'acquisto. Non prende in considerazione alcun tipo di margine di sicurezza. Ciò che conta è il futuro valore intrinseco e non tanto quello attuale. Si ha, perciò, una maggiore propensione al rischio. Anche in tal caso un buon *timing* di entrata può essere di fondamentale importanza.

Hai bisogno di una mano?

Non tutti hanno le capacità o quanto meno il tempo di
studiare ed analizzare un certo numero di società così da
costruire un portafoglio. In alcuni casi sarà necessario affidarsi ad un professionista, quale, ad esempio un consulente finanziario. Vi sono alcuni segnali per capire se si ha davvero bisogno di un aiuto:

- *Perdite eccessive;*
- *Incapacità nella gestione delle tue finanze;*
- *Diversificazione non bilanciata;*

- *Necessità di riequilibrare i tuoi investimenti in seguito a sostanziali cambiamenti della tua vita.*

Affidare ad altri il proprio denaro non è mai semplice. Dovresti innanzitutto informarti se il consulente scelto riesce a comprendere al meglio le esigenze dei propri clienti. Inoltre, è importante conoscere quali siano gli strumenti tecnici che utilizza per costruire il portafoglio. Si dovrebbe prestare attenzione anche al tipo di domande che vengono poste al cliente. Un consulente che non pone domande potrebbe essere realmente poco interessato alle tue necessità.
Negli investimenti, così come nella vita, è importante che si alleni la propria mente. La disciplina e l'autocontrollo di se stessi rappresentano la chiave per il raggiungimento degli obiettivi prefissati. Non dovresti permettere a te stesso di compiere degli errori che avresti potuto evitare con una buona strategia. Ancor di più non lasciare che gli altri, il loro giudizio, il loro comportamento possano controllare le tue emozioni e il tuo pensiero critico. L'unica persona capace di costruire la giusta strada per raggiungere ciò a cui aspiri sei tu.
Tuttavia, non serve a nulla pianificare o realizzare una strategia (d'investimento e non), se non hai fiducia in te stesso. Non aver paura di essere una persona diversa dagli altri, e in particolar modo da chi sei.

In poche parole:

Il raggiungimento di un obiettivo presuppone che si attui una strategia efficace e capace di ridurre i possibili rischi associati. Tutti hanno dei sogni, ma nella maggior parte dei casi si pensa che questi siano troppo difficili da realizzare. Bisogna concretizzare, e per farlo è necessaria una buona dose di pianificazione e volontà. Conoscere nei minimi dettagli quale sia la prossima mossa da compiere al verificarsi di determinate condizioni è l'ingrediente essenziale per evitare che si intraprendano delle azioni controproducenti causate dai propri limiti cognitivi e dal giudizio altrui.
Il mercato azionario è il risultato del *sentiment* diffuso tra gli investitori.
È semplice farsi influenzare dalle oscillazioni del prezzo. La strategia adottata permette di filtrare gli stimoli psicologici derivanti dalle sue fluttuazioni e di trasformare il mercato in un elemento a proprio vantaggio. Bisogna prendere in considerazione quelle società che hanno la capacità di creare valore nel tempo e, inoltre, sono preferibili generalmente quelle che realizzano un business trasparente e di facile comprensione. Non esiste una strategia perfetta e univoca.
Ognuno ha le proprie esigenze e queste variano nel tempo. È necessario capire come la propensione al rischio cambia in base alle circostanze. Tra le strategie d'investimento più importanti emergono il *value investing* e il *growth investing*. In alcuni casi

potrebbe essere opportuno rivolgersi ad un consulente: scegliere quello più adatto non è mai semplice.

Capitolo 10.

L'economia comportamentale

Nessuno è perfetto

L'uomo ha da sempre mostrato un'eccellente capacità nell'evolversi nel tempo in ogni ambito caratterizzante la propria vita, migliorando il mondo che lo circonda, ma soprattutto se stesso. Si è costantemente alla ricerca di una felicità interiore, ed è proprio questa a rappresentare l'essenza del tutto. È necessario, però, osservare come la mente umana sia un sistema altamente complesso e che spesso ci si ritrovi dinanzi a dei *limiti cognitivi*. Essi sono da ostacolo a quel tipo di ricerca sopra accennato. Non per altro, tali limiti delineano la natura della nostra specie e sarebbe da sciocchi non essere consapevoli della loro esistenza. Il comportamento, le decisioni e le preferenze di ognuno sono influenzate da innumerevoli fattori (esterni ed interni). I limiti relativi alla nostra sfera cognitiva rappresentano il punto di partenza degli studi affini all'economia comportamentale, una moderna teoria economica che, partendo dall'osservazione di anomalie e *deviazioni sistematiche* dei comportamenti individuali dalla razionalità perfetta, e facendo

soprattutto uso di teorie sperimentali, ha cercato di introdurre nuove teorie basate su una più accurata descrizione psicologica e sociale degli individui.
Il presupposto essenziale alla base della teoria economica *standard*, è che invece l'uomo sia un essere perfettamente razionale, capace di massimizzare la propria utilità in ogni circostanza. Inoltre, sempre secondo tale teoria, gli individui hanno delle preferenze ben definite e stabili, sono temporalmente coerenti e non sono influenzati da scelte o comportamenti altrui oltre che dal proprio stato d'animo. In realtà, ci si comporta in maniera assai differente rispetto al modello standard e si è contraddistinti da una razionalità *limitata*. Non si ha la possibilità di ottenere e processare tutte le informazioni e di fare tutti i calcoli in maniera impeccabile, soprattutto quelli relativi alla probabilità degli eventi futuri, per giungere ad una decisione ottimale. L'evidenza mostra infatti che le decisioni vengono assunte, nella maggior parte dei casi, in modo contrario rispetto a quanto è invece auspicato dalla teoria economia standard. Per tal motivo si generano all'interno dei mercati, così come nella vita di ognuno, delle *inefficienze*.

Ricercare la semplicità nella complessità

Il comportamento ambiguo degli individui dipende per lo più da *bias cognitivi* e da euristiche.
I bias rappresentano delle distorsioni della nostra

mente. Esse ci distraggono dal considerare le scelte migliori da intraprendere. Le *euristiche* sono invece delle "*scorciatoie cognitive*" utilizzate per evitare di affaticare la propria mente e risparmiare tempo nel momento in cui si deve effettuare una scelta. Esse ci permettono di velocizzare i processi decisionali soprattutto quando non si ha la possibilità di avere tra le mani la totalità delle informazioni necessarie. Si sceglie allora un livello soddisfacente di utilità piuttosto che il suo livello massimo. Le euristiche sono acquisite con l'esperienza.
Un esempio potrebbe essere quello di acquistare un prodotto su consiglio di un familiare o di investire in una società solo perché popolare. In circostanze del genere il *sistema intuitivo* prende il sopravvento sul sistema riflessivo/razionale.
Un buon investitore dovrebbe comprendere quanto tali distorsioni possano influenzare le proprie decisioni d'investimento e fare in modo che la strategia costruita possa minimizzare i possibili errori. La finanza comportamentale studia come i limiti cognitivi e i bias influenzino i comportamenti degli investitori e degli operatori finanziari. Uno degli scopi principali è quello di individuare i motivi per cui il prezzo azionario di una società vada verso l'alto o verso il basso. Il mercato borsistico non è altro che il risultato delle scelte di ogni singolo operatore. Si ragiona in termini relativi e non assoluti. Le proprie decisioni, o meglio l'utilità derivante dal compiere una certa azione, dipendono dal risultato che si ottiene rispetto ad un valore o

punto di riferimento (*Reference Point*). Il valore di riferimento potrebbe coincidere con lo *status quo*, con i risultati degli altri individui o con le aspettative in merito al manifestarsi di una determinata situazione.

Esempio: l'utilità derivante dal proprio stipendio valutato rispetto allo stipendio medio in Italia per quella professione.

L'evidenza mostra che l'impatto dei guadagni è inferiore, in valore assoluto, all'impatto delle perdite: si parla in tal caso di avversione alle perdite (*Loss Avversion*). Psicologicamente, si soffre di più per una perdita, anche se di pari valore ad un guadagno (con segno opposto).

Errori sistematici degli investitori

Gli investitori sono fortemente influenzati dal prezzo di acquisto di un'azione. Si evita di vendere il titolo ad un prezzo di mercato inferiore in quanto una possibile perdita rappresenterebbe un risultato negativo. Non si vuole ammettere di aver commesso un errore.
In realtà, un buon investitore dovrebbe semplicemente capire se la società di cui detiene le azioni possa performare ulteriormente in futuro. Il prezzo di acquisto è un c.d. costo *sommerso* (*Sunk Cost*), che non è possibile recuperare e che in teoria

non dovrebbe incidere sulla decisione di vendita. Il denaro ottenuto dall'eventuale cessione di un titolo potrebbe essere utilizzato per acquistare azioni di una società migliore (*costo opportunità*). Si tende invece a trattenere il titolo per lunghi periodi di tempo, anche se in forte discesa. Un fenomeno del genere prende il nome di *Disposition Effect.* Molte delle scelte che compiamo dipendono dalla quantità e dal tipo di informazioni di cui disponiamo.
Tuttavia, gli individui tendono a processarne solo una parte, trascurandone il resto a causa di una capacità di attenzione *limitata.* Si tende a semplificare il processo
decisionale e a ragionare per schemi per mentali piuttosto che in maniera obiettiva. Prendiamo in considerazione un titolo azionario. Il suo valore W è dato da una parte visibile v e da una parte opaca c (*es*. una situazione finanziaria poco appetibile).

$$W = v + c$$

A causa dell'attenzione limitata, l'investitore percepisce però:

$$W' = v + (1\text{-}ò)\ c$$

Dove "ò" è il grado di inattenzione:

- *ò = 0: situazione di piena attenzione*
- *ò = 1: max. inattenzione; mentre c viene completamente trascurata*

Si potrebbe allora valutare erroneamente un titolo azionario in quanto si trascurerebbero delle informazioni utili a comprenderne il reale valore. Anche in tal caso la soluzione è quella di avere una strategia, o meglio una buona disciplina.

Non tralasciare nulla.

Gli individui tendono ad avere un'ottica d'investimento di breve periodo e soffrono di "prospettiva limitata" (*Narrow Framing*). Un investimento valutato prendendo in considerazione il lungo periodo potrebbe essere migliore rispetto ad una valutazione effettuata su un periodo di tempo più piccolo, nell'ottica di un investitore consapevole.

Vi siete mai chiesti perché, a volte, acquistiate un bene anche se il suo valore intrinseco è inferiore rispetto a quanto si era disposti a pagare per averlo?

Un bias del genere dipende dalle c.d. *utilità di transazione* e *di acquisizione*. L'utilità di acquisizione misura l'utilità netta che il consumatore ottiene dal comprare qualcosa ad un prezzo (p) inferiore a quello che si è disposti a pagare (v).

$$U(a) = v - p$$

L'utilità di transazione misura il guadagno o la perdita che il consumatore ottiene se compra qualcosa che costa di meno o di più del prezzo atteso (pa).

$$U(t) = pa - p$$

L'utilità totale è data dalla somma delle due utilità. Nel momento in cui si investe si potrebbero commettere degli errori. Immaginiamo di voler acquistare a breve delle azioni di una società *Alpha*. Potrebbero presentarsi due situazioni:

- *In seguito ad un'analisi approfondita dei bilanci e degli sviluppi futuri della società si delinea un valore intrinseco dell'azione di 100€ (v). Una grave crisi è alle porte e con una certa probabilità influenzerà l'andamento del prezzo di borsa. Si presume quindi un prezzo atteso in discesa e pari a 70€ (pa). Tuttavia, il giorno dell'acquisto il prezzo effettivo è di 85€. Cosa accade? Anche se il prezzo effettivo è minore del valore reale della società, l'investitore sarà convinto di compiere un cattivo affare a causa del prezzo maggiore rispetto alle previsioni. Dinanzi ad un margine di sicurezza di 25€ la società verrà ugualmente scartata.*
- *Situazione simile alla precedente con un valore intrinseco di 100€ ma con un prezzo atteso pari a 130€. Il giorno dell'acquisto si registra un prezzo effettivo di 110€. Anche se il prezzo azionario è superiore al valore reale*

attribuito alla società si avrà la convinzione di realizzare un buon affare a causa della differenza positiva tra il prezzo pagato e il prezzo atteso (130-110=20).

Gli individui si ancorano facilmente ad una certa classe di informazioni (come il prezzo atteso negli esempi precedenti). Le scelte a volte dipendono da *elementi di contesto*. Le preferenze non sono quindi predefinite e coerenti ma sono costruite nel momento della scelta e possono essere condizionate da diversi elementi esterni. L'*ancoraggio* è una tipologia di effetto di contesto: la decisione è influenzata da qualche elemento irrilevante che fa da ancora in un momento precedente alla scelta.
Si sceglie sulla base di quest'ultimo (*Benchmark*).
Un'informazione errata o senza valore potrebbe quindi indurti a compiere una decisione di investimento sbagliata.
Un'ulteriore ed importante distorsione cognitiva è il *bias della conferma.* Rappresenta la naturale tendenza umana a ricercare e ad enfatizzare delle informazioni che confermino le proprie idee. Si attribuisce maggiore rilevanza a ciò che ci permette di avere ragione con noi stessi.

Gli investitori sono spesso troppo sicuri di sé.

Un costante aumento del prezzo di un'azione acquistata rappresenta la conferma delle proprie idee di investimento. Tuttavia, nulla toglie che si possa assistere ad un violento declino del valore. Per minimizzare un rischio del genere bisognerebbe affinare periodicamente le proprie idee di investimento in modo da individuare possibili errori. Charlie Munger afferma:

"Distruggere rapidamente le tue idee quando è il momento giusto è una delle qualità più preziose che puoi acquisire."

Gli investitori tendono a nascondere i vecchi errori, attribuendone la colpa all'imprevedibilità e senza comprenderne il significato. Nel valutare una società, con l'obiettivo di prevederne gli sviluppi futuri, si considerano le informazioni passate. Se positive, si presume che la società riesca a crescere anche nei prossimi anni.
È qui che si riscontra il *bias della rappresentatività*. Non necessariamente i dati del passato rappresenteranno le performance future.

Non copiate il compito del vostro compagno di banco

Comunemente, gli investitori sono influenzati dal giudizio altrui. La speculazione e le conseguenti bolle hanno origine in questa distorsione cognitiva. È facile affidarsi al pensiero degli altri, ci permette di evitare di sentire il peso decisionale e quello di un possibile errore, e di risparmiare tempo e fatica in analisi e studi. L'andamento del prezzo di un titolo azionario coincide con le previsioni condivise dalla maggior parte degli operatori nel tempo. Il problema risiede nel fatto che queste potrebbero essere errate. Bisogna affidarsi alle proprie analisi e alla propria strategia.

In merito alla finanza comportamentale, è infine utile far riferimento alla c.d. *contabilità mentale*. Essa rappresenta l'attività degli individui volta a classificare le decisioni di spesa, finanziarie e di investimento in determinate categorie mentali. Così, nelle decisioni economiche si valuta in modo frammentario l'utilizzo del denaro a disposizione, senza che si prendano in esame i relativi costi opportunità.

In poche parole:

La mente umana è un sistema molto complesso e spesso le decisioni assunte e le azioni che si compiono sono il risultato di alcuni limiti cognitivi. L'economia comportamentale studia come ogni persona sia razionalmente limitata e come le scelte siano influenzate dalle proprie emozioni e dal comportamento degli altri. Il tutto si riversa all'interno dei mercati creando delle pericolose inefficienze.
La realtà è distorta da *bias cognitivi* ed *euristiche.* I primi sono delle deviazioni sistematiche che ci distraggono dal considerare le scelte migliori, mentre le seconde facilitano i processi decisionali, facendoci risparmiare fatica e tempo. Spesso, si effettuano delle valutazioni in maniera relativa, sulla base dei *Reference Point*. Gli investitori soffrono apertamente di tali distorsioni mentali e sono indotti a compiere degli investimenti poco redditizi e quindi errati. Anche in tal caso, una buona strategia è fondamentale per evitare che il giudizio altrui, le proprie emozioni e gli effetti di contesto prendano il sopravvento non permettendoti di raggiungere gli obiettivi prefissati.

Capitolo 11.

La diversificazione

"Ricordiamoci di diversificare."
"*Sempre.*"

Ridurre la probabilità di fallire

Se escludessimo ogni tipo di incertezza dalla nostra vita, avremmo la possibilità di evitare di assumerci il rischio derivante dal compiere una specifica azione. Gli individui si distinguono per quanto riguarda il proprio comportamento nei confronti del rischio, a seconda della loro *avversione* o *propensione al rischio*: alcuni sono maggiormente propensi ad assumerne una certa quantità, mentre altri farebbero di tutto per evitare di intraprendere una situazione che sia caratterizzata da una probabilità che il tutto possa trasformarsi nel peggiore dei loro incubi, negli investimenti e nella vita in generale.
Inoltre, si tende spesso a sottostimare la probabilità associata al verificarsi di un evento negativo, specie se esso è generalmente poco probabile. Anche in tal

caso è facile osservare come l'uomo non sia razionalmente privo di limitazioni. In termini concettuali, il rischio è quell'amico che ti ricorda di non esagerare con i festeggiamenti dopo aver vinto l'ultima partita prima di approdare in finale.
In altri termini, il rischio rende ognuno di noi più consapevole del fatto che la vita oscilli costantemente tra il bene ed il male e che non si abbia la minima idea di quale tra i due si manifesti per prima. Il rischio, tuttavia, può essere in alcuni casi minimizzato, o meglio ridotto. Nel momento in cui decidiamo di iscriverci all'università o ad un corso di formazione, stiamo formalmente cercando di diminuire il rischio di non riuscire a trovare un lavoro che soddisfi le nostre esigenze e passioni personali. La maggior parte delle azioni che compiamo ogni giorno rappresentano uno strumento atto ad eliminare un certo grado di rischio dalla nostra vita. L'incertezza insita negli eventi futuri ha indotto l'uomo a ricercare delle soluzioni che potessero consentirgli di governare ciò che appare imprevedibile: calcoli complessi, statistiche, computer ultrapotenti ne sono delle prove. Tuttavia, la storia ci insegna che il futuro non è fatto di stime o previsioni e che la vita di tutti i giorni potrebbe cambiare da un momento all'altro. Anche i professionisti sbagliano. Di certo, esistono dei metodi che permettono di minimizzare la probabilità di errore, ma in fin dei conti si sta parlando pur sempre di probabilità. Avere anche lo 0,10% di probabilità che un sistema di previsione si sbagli non

indica che ciò non possa accadere.

Accettare l'incertezza

Quando si investe, si è a stretto contatto con il futuro: lo scopo di un investimento è infatti quello di ottenere un rendimento in un periodo di tempo successivo. Nel considerare futuro e imprevedibilità come sinonimi si può comprendere come gli investimenti abbiano dalla loro un certo grado di incertezza, ognuno con un rischio diverso. La storia di una società non è lo strumento principale per prevedere se essa riuscirà a sopravvivere nel tempo e a mantenere inalterati i propri guadagni. Un utile positivo negli ultimi 5 anni non significa ulteriori 5 anni di profitto: tutto potrebbe cambiare da un momento all'altro. Diffida da chi ostenta a mostrare le proprie presunte capacità di previsione perfette: nessuno è capace di prevedere con un margine di errore dello 0%. Bisogna quindi restare umili in proposito. Questo, tuttavia, non ci toglie la possibilità di provare a minimizzare il rischio e quindi di aumentare la probabilità di riuscita dei nostri investimenti. Sii tuttavia consapevole che le perdite sono sempre dietro l'angolo.
La diversificazione è il concetto più importante di gestione del rischio per un investitore individuale. In poche parole, diversificare significa ridurre il rischio generale, senza ridurre le aspettative del rendimento atteso.

Come è possibile?

Immaginiamo l'esempio di Luca, appassionato di scommesse calcistiche. Ogni venerdì, punta 100€ su una quota 2. Nel nostro modello, ha il 50% di possibilità di tornare a casa senza niente, e il restante 50% di tornare a casa con 200€. Il *valore atteso* della scommessa di Luca è pari a 100€.

E se Luca puntasse 50€ su 2 puntate, entrambe con quota 2 e con esiti indipendenti tra loro?

Gli esiti possibili sarebbero 3: Luca vince entrambe le scommesse (25% di probabilità), ne vince soltanto una (50%) o le perde entrambe (25%). Il *valore atteso* della scommessa è sempre pari a 100€, ma c'è in realtà una bella differenza: in questo caso, Luca non ha più il 50% di possibilità di tornare a casa a mani vuote, ma solo il 25%. Certo, anche la possibilità di vincere 200€ è diminuita dello stesso ammontare, sostituita anch'essa da una maggiore probabilità di tornare a casa con la somma iniziale. Ecco che Luca ha mantenuto il *valore atteso* intatto, riducendo il rischio (inteso come volatilità del valore atteso).
Sappiamo bene che scommettere e investire sono due mondi a parte, ma per gli investimenti vale lo stesso concetto statistico. Le azioni, come abbiamo visto, sono nate anche per creare la *proprietà diffusa* delle imprese, dei loro rendimenti e dei rischi associati.

Quindi, la proprietà di una società quotata è distribuita tra numerosi investitori, ognuno con un numero di azioni. Dall'altro lato, un investitore individuale può comprare azioni di numerose società, con i soli limiti monetari e del buon senso. Così come Luca, nel nostro esempio, può *scommettere* su più partite, un investitore può *investire* su molte società, beneficiando degli stessi vantaggi di cui, come abbiamo visto, godrebbe il buon Luca se giocasse più schedine.

Un'importante differenza è che, nell'esempio di Luca, le due schedine sono indipendenti, e ciò semplifica molto le cose.

Le azioni, invece, non sono indipendenti tra loro, anzi, né lo sono con altri strumenti finanziari, cui possono avere una correlazione positiva o negativa, misurata solitamente attraverso la "r" di Pearson, indicatore che va da -1, in caso di correlazione *negativa* perfetta (uno sale, l'altro scende specularmente, e viceversa), passando per 0 (nessuna correlazione), fino a 1 in caso di correlazione *positiva* perfetta. La correlazione può complicare molto le cose: se nell'esempio le due schedine fossero state *perfettamente* correlate, positivamente o meno, i vantaggi di cui abbiamo parlato sarebbero stati nulli. Di solito però, è difficile osservare correlazioni perfette nei mercati finanziari: le vie di mezzo (es. -0,26; 0,07; 0,63...), sono molto più comuni. La *r*, tuttavia, affonda le sue radici nell'analisi di serie storiche (passate). Non solo varia nel tempo e a seconda del lasso di tempo considerato,

ma il suo utilizzo potrebbe portare a decisioni sbagliate se ponderato in maniera errata.
Abbiamo già visto che il futuro del mercato azionario può differire anche di molto dal suo passato. Durante l'epidemia di COVID-19, alcune classi di asset che, prima, manifestavano una correlazione bassa o negativa, come azioni e obbligazioni, hanno iniziato a muoversi in maniera maggiormente parallela.
L'obiettivo generale della diversificazione finanziaria è, quindi, quello di cercare di frazionare il rischio complessivo, investendo in un numero di asset non correlati tra loro. In tal modo, come abbiamo visto, si possono facilmente ridurre gli scostamenti nel valore del portafoglio.
La diversificazione si esprime su vari livelli, parallelamente alle diverse tipologie di rischio. Vi è naturalmente quella che si ottiene investendo su asset class diverse (azioni, Titoli di Stato, commodities…). All'interno degli investimenti in azioni, vi sono vari modi per diversificare il proprio portfolio. Per semplicità, li dividiamo in diversificazione settoriale e diversificazione geografica. I due concetti sono molto semplici: la diversificazione settoriale consiste nell'investire in settori non correlati tra loro, per evitare di soffrire eccessivi ribassi nel caso di problemi nel settore scelto. Lo stesso ragionamento può valere per aziende dello stesso settore: con più investimenti, si ha una maggiore diversificazione che investendo in una sola impresa, con una conseguente riduzione del rischio specifico.
Nel caso della diversificazione geografica, il

ragionamento è lo stesso ma riguarda i Paesi. Investire tutto in un Paese non è una scelta ponderata, a causa di problematiche sociali, economiche o di altro tipo che possono affliggerlo specificatamente. In particolare, moltissimi investitori soffrono del c.d. *Home Bias*. Esso è un pregiudizio cognitivo che porta ad investire eccessivamente in strumenti finanziari del Paese di provenienza. È vero che, da un lato, investendo in strumenti nazionali si possono avere dei vantaggi fiscali, ma questo non basta necessariamente a compensare il mancato guadagno dell'investimento in strumenti esteri, né la mancata diversificazione geografica. Nel caso di un investitore italiano, l'*home Bias* è un rischio comune e molto pericoloso per il portfolio azionario di un investitore. Il principale indice del mercato azionario italiano, il FTSE MIB, ha perso il 7% circa in valore assoluto in 11 anni, dal giugno 2009. Nello stesso lasso di tempo, l'indice americano S&P 500 ha guadagnato oltre il 220%, quello tedesco, il DAX, è salito del 150% e quello dei Paesi Bassi, l'AEX, di circa il 110%. Questo non significa che le stesse performance saranno ripetute nei successivi 11 anni, ma è evidente che distribuire il proprio portfolio evitando l'*Home Bias* sarebbe stata la scelta più ponderata.

Volatilità e rischio

Nel mondo finanziario, la volatilità è un indicatore statistico utilizzatissimo. Essa è più alta tanto più il prezzo dell'azione oscilla di grandi valori nel tempo. Il prezzo azionario di una società che varia molto nel tempo in un ampio *range* di valori, quindi con elevata volatilità, rende ancora più difficile prevedere quale sarà l'andamento futuro. Esistono delle misure statistiche capaci di sintetizzare in un solo valore numerico il grado di rischio relativo alla volatilità quali ad esempio la varianza o la deviazione standard (o scarto quadratico medio, pari alla radice quadrata della varianza). La deviazione standard (SD, *Standard Deviation), di* una serie statistica (quale ad esempio quella relativa al prezzo di un'azione) è la radice quadrata della sommatoria degli scarti, in valore assoluto, dei valori dalla media elevati al quadrato, diviso il numero di elementi considerati. La medesima formula, senza la radice quadrata, è pari alla *varianza.* In altri termini, indica quanto i valori di una distribuzione (una serie di osservazioni), si discostano mediamente dalla media dell'intera distribuzione. Rappresenta l'incertezza relativa alla situazione per cui il rendimento atteso in futuro di un investimento sia pari a quello medio (calcolato sulla base dei dati passati). Maggiore è la deviazione standard, e maggiore sarà stata la dispersione dei dati intorno al valore centrale. Se raccogliessimo tutti i prezzi azionari passati di una società potremmo calcolarne il prezzo medio.

Un'elevata varianza o deviazione standard indica che i valori individuati si discostano mediamente di molto dal prezzo medio calcolato. In altri termini, i rendimenti storici sono decisamente diversi dal rendimento medio. Prevedere che il proprio investimento rispecchi il guadagno medio del passato diventa difficile.
Viceversa, se la volatilità di un titolo è bassa e quindi il valore di mercato non mostra delle forti fluttuazioni, i prezzi, e quindi i rendimenti, si discosteranno in maniera meno marcata rispetto al loro valore medio. In tal caso diventa più semplice capire se l'investimento possa performare al pari del rendimento medio passato. Maggiore è la deviazione standard di un titolo, e più alto *potrebbe essere* il rischio. Immaginiamo di investire l'intero capitale a disposizione in un unico titolo azionario e che presenti delle frequenti e ampie fluttuazioni del prezzo. Optare per una strategia che preveda l'acquisto di azioni di un'unica società ci espone ad un rischio ancor più elevato per due motivi:

- *Rendimenti negativi*: se il titolo scende al di sotto del prezzo di acquisto nel periodo considerato, l'intero capitale investito sarà svalutato. Situazione possibile, a causa di un'elevata deviazione standard.
- *Fallimento della società*: la società finisce nel baratro. L'intero capitale investito viene bruciato.

Anche per quanto riguarda la costruzione di un portafoglio è necessario calcolare la sua deviazione standard e capire a quanto ammonta il rischio associato. In tal caso non è possibile calcolare il grado di rischio calcolandone la media delle deviazioni standard dei rispettivi titoli che compongono il portafoglio. Il rischio del portafoglio sarà sicuramente minore dell'eventuale valore medio. Ciò accade per merito della diversificazione, o meglio della correlazione e del peso che ogni società possiede all'interno del portafoglio.
In tal modo si riesce a capire quanto il portafoglio che si vuole costruire sia rischioso e quindi quanto il rendimento atteso si discosti dai suoi valori medi passati. Un'elevata deviazione standard indica un'alta volatilità del portafoglio e quindi un rischio maggiore. Viceversa, se la deviazione standard ha valori contenuti, il rischio è considerato minore.
Il *Beta* (β) è un'altra misura del rischio di un'impresa. In particolare, esso rappresenta il rischio non diversificabile, e indica la relazione tra i movimenti del prezzo di una società e i movimenti di mercato nel tempo. Non ci soffermiamo sulla parte algebrica, ma sul significato concettuale di tale indicatore. In pratica, il beta misura la correlazione tra i movimenti del prezzo di un'azione e quelli di un indice di riferimento (solitamente l'indice americano S&P 500). Ci sono 4 casi in cui può ricadere il valore di questo indicatore. Un valore di Beta pari a 1, indicherebbe che l'azione di riferimento si muove

allo stesso modo dell'indice, in termini percentuali. Un valore compreso tra 0 e 1 indica che l'azione si muove sì come l'indice di riferimento, ma in maniera meno movimentata, al contrario di un valore maggiore di 1, che indicherebbe che esso si muove nella stessa direzione del mercato, ma in maniera più marcata, proporzionalmente al Beta stesso. Infine, un valore minore di 0 indicherebbe che l'azione si muove in maniera opposta rispetto al mercato, tanto più quanto il valore di beta è negativo.
Il Beta è un valore osservato molto dagli investitori, poiché riassume in un unico parametro i movimenti passati di un'azione in relazione al mercato. Tuttavia, come la SD, anch'esso incontra delle limitazioni nel fatto che deriva dall'opinione degli altri operatori di mercato, il cui giudizio e le cui operazioni determinano sia il prezzo delle azioni che l'andamento generale del mercato.
Come dall'esempio del celebre investitore e ex-gestore di fondi Ray Dalio, denominato da lui stesso "Holy Grail", la diversificazione permette di mantenere inalterato il rendimento atteso e di diminuire nel contempo il rischio associato. Il tutto dipende dal grado di correlazione.
Al tendere della correlazione a 0 il rapporto tra rendimento e rischio tende ad aumentare, così come la probabilità di riscontrare delle perdite tende a diminuire. Sull'asse verticale del grafico sottostante, che è solo un'indicazione del modello di Dalio, la deviazione standard, da 0% a 10%, rappresenta il rischio, su quella orizzontale è indicato il numero

degli asset (da 1 a 20). Ognuna delle linee rappresenta un diverso grado di correlazione tra gli asset del portfolio (0-20-40%). Si evidenziano due aspetti importanti: innanzitutto, avere nel portfolio più asset non correlati tra loro diminuisce la deviazione standard (quindi il rischio) del portfolio, a parità di rendimento. Tuttavia, questo vantaggio ha un *effetto marginale* decrescente: è evidente che l'effetto di riduzione del rischio è molto più forte passando da 1 a 2 asset piuttosto che da 19 a 20. Lo stesso Dalio suggerisce di trovare 15-20 "*Good Uncorrelated Return Streams*" (ossia investimenti buoni e non correlati tra loro).

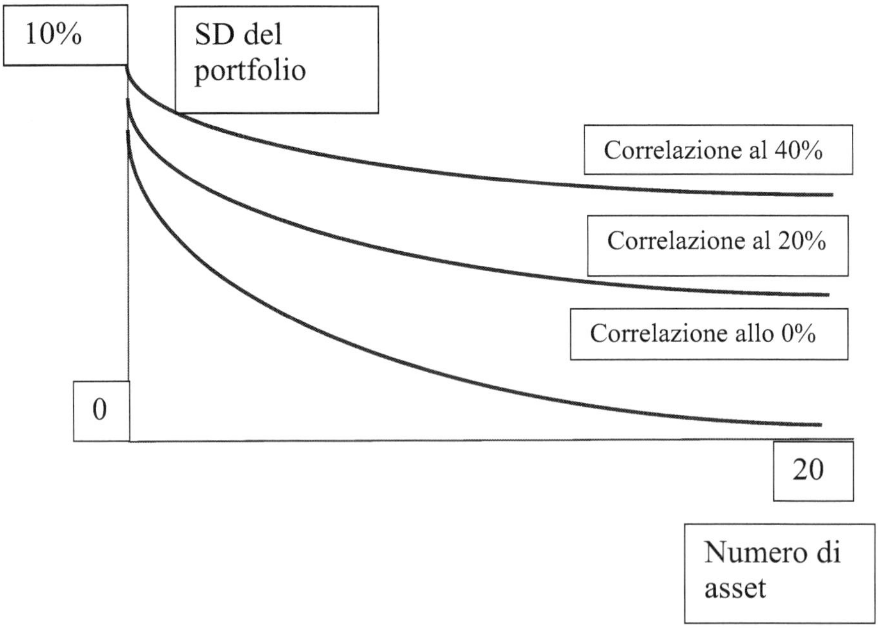

Tuttavia, la deviazione standard, utilizzata anche da Dalio nell'esempio, presenta anche degli svantaggi come misura del rischio.
Essa riguarda infatti ogni tipo di fluttuazione, quindi anche positiva. Un valore elevato, ma determinato da forti oscillazioni a rialzo del titolo potrebbe trarti in inganno, facendoti pensare ad un investimento rischioso, come se il titolo scendesse dello stesso ammontare. Per questo motivo, si consiglia sempre di includere nella propria analisi tanti altri indicatori ed uno studio approfondito della società in cui si vuole investire. Un altro aspetto importante della volatilità dei prezzi azionari, sottolineato da Warren Buffett, è il fatto che essa non dica nulla sull'azienda in sé, ma soltanto sull'andamento del prezzo delle azioni, quindi sull'andamento dell'*opinione* degli altri operatori di mercato. Come ormai sappiamo, spesso gli operatori di mercato si sbagliano, e i prezzi, anche di asset sicuri, possono subire fortissime oscillazioni anche nel breve termine, risultando poco volatili. Inoltre, per giovare a pieno del potere della diversificazione non è sufficiente includere nel proprio portafoglio le sole azioni. È necessario investire in altri tipi di strumenti come obbligazioni, Titoli di Stato e molti altri. Infine, la diversificazione manifesta i suoi effetti con un numero di strumenti posseduti che si aggira intorno ai 10-15. All'aumentare degli investimenti, da questa cifra, il risultato tende a non variare, come evidenziato sempre da Dalio.
Diversificare presuppone che tu abbia ragionato in

termini di strategia. Questo è già un ottimo traguardo. Ovviamente bisogna diversificare al meglio e capire quali sono le azioni e gli strumenti finanziari che hanno un basso grado di correlazione e che soddisfano le esigenze portate dai tuoi obiettivi di investimento. Il tutto dipende dal tipo di investitore che vuoi essere e dal rischio che vuoi e puoi assumerti. Warren Buffett cita spesso: *non mettere tutte le uova nello stesso paniere.* Con una visione fuori dalla concezione "normale", l'eccezionale Charlie Munger, collega e amico di Warren Buffett, ha sottolineato come la diversificazione "abbia senso fino ad un certo punto. Se non sai cosa stai facendo e punti al risultato standard" allora puoi diversificare ampiamente. Ci sono, secondo, lui, quelle poche volte in cui si manifestano le opportunità migliori della media, e bisognerebbe puntare su quelle, *se* si ha la conoscenza adatta per farlo. Inoltre, Charlie Munger sottolinea anche come scegliere (e poi effettivamente mantenere), poche posizioni, comporti anche minori costi di gestione e di transazione. Questa visione, a suo dire, può essere intrapresa soltanto dai più esperti: è quindi sconsigliabile all'investitore comune, che dovrebbe concentrarsi maggiormente sul prossimo capitolo.

In poche parole:

Incertezza e rischio sono parte integrante della vita dell'uomo, e gli investimenti non sono un'eccezione. Ogni individuo ha una diversa attitudine verso il rischio, e tali preferenze sono spesso influenzate da fattori irrazionali. Con gli investimenti, in azioni e non solo, si sta a stretto contatto con il futuro e l'incertezza ad esso associata. La diversificazione, espressa con la costruzione di un portafoglio di investimenti non correlati tra loro, serve proprio a ridurre l'incertezza associata agli investimenti: con essa, si riduce il rischio specifico associato all'emittente. I principali livelli su cui si può diversificare sono quello settoriale (all'interno di un settore e tra settori), e geografico. La correlazione tra gli investimenti si misura con il *coefficiente di correlazione*. Un'altra misura utile, in generale, è la varianza (e la SD, *Standard Deviation*): essa misura di quanto l'andamento di una serie storica si discosta dalla sua media. Con una SD alta, un investimento è considerato più rischioso. In ogni caso, è bene ricordare che la diversificazione ha lo scopo generale di ridurre il rischio di un portfolio, senza ridurne il rendimento. Il beta è un'altra misura molto utilizzata: essa indica la correlazione tra l'andamento di un'azione e l'andamento del mercato nel suo complesso. Così come altre misure statistiche simili, il beta ha la limitazione di dipendere dall'opinione degli altri operatori di mercato.

Un buon esempio sulla diversificazione ci viene

offerto da Ray Dalio con il suo *Holy Grail*: in tale grafico si evidenziano i benefici della diversificazione in relazione al numero di strumenti in un portfolio e alla loro correlazione. Dall'altro lato, la diversificazione può portare anche svantaggi all'investitore esperto, in termini di costo opportunità: come ricorda Charlie Munger, chi sa bene cosa fa non ha bisogno di diversificare, l'importante è concentrare i propri investimenti su strumenti validi.

Capitolo 12.

Indici ed ETF

Indici: semplici insiemi di titoli

Secondo alcuni dei più grandi investitori di sempre, tra cui Warren Buffett, John Bogle, Charlie Munger, scegliere le azioni singolarmente tramite il c.d. *stock picking* non è l'opzione migliore per un investitore individuale per sfruttare le potenzialità del mercato azionario. Per loro e molti altri, la scelta migliore è rappresentata dagli indici azionari.

Che cos'è un indice?

Un indice azionario (o di altri strumenti finanziari), rappresenta l'andamento di un paniere di titoli. Un paniere di titoli è un insieme di titoli, il cui peso all'interno del paniere stesso dipende da fattori predefiniti. Gli indici, appunto, possono rappresentare l'andamento di diversi strumenti finanziari. All'interno dell'ambito che ci interessa, le azioni, gli indici sono utilizzatissimi, in particolare in ambito geografico (nazionale o territoriale, ma anche scegliendo i Paesi con caratteristiche comuni, come l'essere considerati "emergenti" o "sviluppati"), e dei settori (anche sotto-settori specifici), ma non solo.

Creiamo il nostro indice in pochissimi passaggi.

- Scegli N azioni (es. 4), con il criterio che preferisci, (es. azioni di società automobilistiche, azioni di società con capitalizzazione maggiore di *x* miliardi, o azioni di società che ti ispirano), stabilendo quindi gli elementi del paniere;
- Assegna un peso pari a 100%/N (es. 25%), ad ogni singola azione, in modo da dare lo stesso *peso* all'interno del nostro paniere ad ogni società scelta, e dai un nome all'indice;
- L'andamento del nostro indice sarà pari alla media degli andamenti delle azioni scelte. Se dovessero totalizzare, ad esempio, performance positive del 10%, 16%, 18% e 24%, rispettivamente, in un determinato periodo, il nostro indice subirebbe un rialzo del 17%.

Le migliaia di indici in circolazione esistono per soddisfare principalmente due esigenze. Da un lato, quella del *mercato* in senso lato, cioè di tutti gli operatori in qualche modo interessati ad investire o ricevere finanziamenti. Questi operatori hanno bisogno di conoscere in maniera tempestiva, trasparente e diretta l'andamento, ad esempio, di una determinata economia in un certo lasso di tempo. Un indice azionario permette di farsi un'idea dell'andamento di un'economia nazionale, ed è spesso utilizzato come termometro delle aspettative degli investitori su un Paese, insieme naturalmente ad altri parametri.

Dall'altro lato, gli indici permettono di rendere più efficace, rapido e meno costoso il processo di soddisfazione del desiderio di diversificazione degli investitori, del quale abbiamo parlato in precedenza.

Vi sono diverse *tipologie* di indici, che si distinguono in base a differenze nel processo di ponderazione: vediamo le principali metodologie. Gli indici *Equally-Weighted*, come quello del nostro esempio, danno lo stesso peso ad ogni loro componente, evitando quindi concentrazioni eccessive. Gli indici *Price-Weighted* basano la ponderazione sul prezzo delle azioni, non tenendo conto quindi dell'effettiva dimensione della società (capitalizzazione). Infine, il peso delle società all'interno dell'indice può essere basato sulla capitalizzazione della società, *Market Capitalization-Weighted*, oppure, con una versione "modificata", sulla capitalizzazione basata sul *flottante,* escludendo dal conteggio alcune classi di azioni, come quelle possedute dagli *insiders*: si parla in questo caso di metodologia *Free-Float Adjusted Market Capitalization Weighting*. Alcuni indici possono basarsi su questi criteri, con l'aggiunta di limitazioni al massimo o minimo peso di ogni società all'interno del paniere. Per un investitore, è bene conoscere gli indici principali, il loro andamento e la loro composizione.

Come abbiamo detto, esistono migliaia di indici, su varie asset class come azioni, obbligazioni societarie, beni immobiliari, commodities, titoli di Stato e altro. Vediamo alcuni dei più importanti *indici azionari nazionali* in questa tabella.

Area:	**Indice:**	***Area:***	**Indice:**
USA	S&P 500	*Canada*	S&P/TSX
USA	Dow 30	*Russia*	MOEX
USA	Nasdaq	*Arabia S.*	Tad. All. s.
USA	Wilshire 5000	*Turchia*	BIST 100
Italia	FTSE MIB	*Giappone*	Nikkei 225
Germania	DAX	*Cina*	SSE comp.
Regno Unito	FTSE 100	*Cina/H.K.*	Hang Seng
Francia	CAC 40	*Corea del Sud*	KOSPI
Paesi Bassi	AEX	*India*	Sensex
Spagna	IBEX 35	*Australia*	ASX 200
Portogallo	PSI 20	*"Emergenti"*	MSCI em.
Europa	Euro Stoxx 50	*Mondo*	MSCI a. w.

Quelli nella tabella non sono ovviamente i soli indici dei Paesi indicati, ma possono essere utili per avere un'idea dell'andamento delle azioni delle società dei suddetti Paesi. Altri indici importanti del nostro Paese sono FTSE Italia All-Sare, FTSE Italia Mid Cap, FTSE Italia Small Cap e segmento STAR. Di solito, a partire da ogni importante indice nazionale vengono sviluppati altri indici, composti dalle società di un determinato settore appartenenti ad un indice.
Prima di investire su un indice azionario, un investitore consapevole dovrebbe conoscere nel dettaglio le sue componenti, la metodologia di ponderazione e confrontarlo con altri indici riferiti alla stessa area di interesse.
Vediamo ora la questione al centro del nostro focus da investitori.

Gli ETF: uno strumento, molteplici possibilità

Come si investe sugli indici azionari?

Il modo più semplice, dinamico ed economico per investire su un indice azionario, per un investitore individuale, è quello di acquistare ETF oppure altri prodotti che seguono strategie indicizzate (su azioni e non solo). Questi strumenti finanziari permettono di diversificare il proprio portfolio senza incorrere

nei grandi costi di transazione che si avrebbero con molteplici operazioni per acquistare strumenti diversi. Dal punto di vista strategico, come abbiamo visto, moltissimi grandi investitori consigliano di investire su strumenti come questi poiché consentono di seguire una strategia *passiva*, nella quale l'investitore, con poco impegno, poca ricerca e relativamente poche preoccupazioni, cattura l'intero rendimento del mercato azionario, filtrando il rischio dell'investire nelle singole società. Questa strategia differisce dallo *stock picking*, la strategia *attiva* che consiste nella scelta delle azioni singole, e contrasta ancor più fortemente con il *daytrading* o altre operazioni con una concezione a breve o brevissimo temine. Ciononostante, gli ETF vengono usati attivamente per il trading: come ha sottolineato Bogle, padre dei fondi indicizzati e pioniere degli investimenti *passivi*, hanno rappresentato fino al 40% degli scambi giornalieri sul mercato azionario statunitense: un vantaggio, nel complesso, quindi maggiore per i *broker* che per gli investitori.
Gli ETF possono rappresentare una buona soluzione per chi vuole investire nel mercato azionario senza conoscenze delle singole società, e sono oggi assai diffusi e di grandi dimensioni. Secondo J. Bogle, non c'è nulla di male nell'investire in ETF indicizzati, "finché non li scambi". Infatti, i costi di transazione possono erodere il rendimento. Nell'ottica dell'investitore responsabile, gli ETF rappresentano uno strumento per investire nel medio o lungo termine.

Un ETF, (*Exchange Traded Fund*) in poche parole, non è altro che un fondo quotato in borsa, le cui quote vengono scambiate quindi allo stesso modo delle azioni. Un ETF è collegato quindi ad un indice, chiamato *sottostante*, e mira a replicare il suo andamento il più fedelmente possibile. Le modalità con cui gli ETF replicano l'indice di dividono in due macro-categorie: replica *fisica* e replica *sintetica*, a loro volta suddivise in ulteriori tipologie. La prima comporta il trasferimento, da parte del gestore del fondo, degli strumenti veri e propri, mentre la seconda comporta l'utilizzo di altre tipologie di contratti finanziari per replicare l'indice di riferimento.
Al contrario delle azioni, gli ETF hanno uno svantaggio: un costo annuo percentuale fisso. Questo costo deriva dalla presenza di costi di gestione e di transazione e coincide con il TER (*Total Expense Ratio*), un indicatore da tenere naturalmente sotto controllo nella scelta degli ETF. Esso si esprime in percentuale, e si paga sul valore dell'investimento. Nel caso di ETF sul comparto azionario, il valore medio del TER su Borsa Italiana è nel 2020 pari a poco meno dello 0,35%. Come abbiamo visto, è importantissimo tenere d'occhio anche differenze apparentemente piccole nei costi, poiché a lungo termine possono avere effetti pesantissimi sui rendimenti. Inoltre, gli ETF *possono* rilasciare dividendi con diverse periodicità (trimestrale, semestrale...), proprio come le azioni, e lo fanno sulla base dei dividendi rilasciati dalle società

contenute nel paniere stesso. Si distinguono quindi in ETF che *distribuiscono* e che *accumulano* i dividendi. Inoltre, anche con questi fondi è necessario tenere d'occhio il tasso di cambio, se denominati in valuta estera.
Capire le motivazioni dietro la convenienza degli ETF è abbastanza immediato.

Volendo acquistare le 50 o 100 o 500 più grandi società di un determinato Paese, non sarebbe comodo pagare una sola transazione?

Certo. Anche se, da un lato, si riduce quasi a zero la possibilità di scelta dell'investitore (tipica dello *stock picking*), il vantaggio in termine di riduzione dei costi di transazione e di diversificazione istantanea è immediato. Investire in ETF è "sicuro", nel senso che ti permette di catturare sicuramente (quasi), tutto il rendimento generato dal mercato di riferimento. Come accade spesso nella finanza, però, sono stati poi creati ETF più "pericolosi" e volatili: gli ETF *a leva*, i quali amplificano di una percentuale specificata l'andamento dell'indice selezionato. Essi possono regalare enormi gioie agli investitori, o spazzare via il portfolio: durante la bolla *Dot-com* o l'inizio della pandemia del 2020, ad esempio, alcuni di questi strumenti con leva su azioni e commodities hanno subito perdite di oltre il 99%, molto più dei loro indici di riferimento. Inoltre, per l'effetto *compounding*, la replica tende a non essere accurata nel tempo. Essendo strumenti complessi, non è consigliabile investirvi se non dopo un'attenta valutazione (che, se eseguita correttamente, porterà probabilmente alla conclusione di non investire in strumenti a leva o di investire in essi una *minima* parte del proprio portfolio per un investitore individuale).

Per quanto riguarda gli ETF di nostro interesse, quelli senza leva, se ne trovano diversi su ogni indice. I parametri di scelta più comunemente utilizzati sono: la dimensione del fondo (generalmente, una dimensione maggiore è considerata migliore per le c.d. *economie di scala* all'interno del fondo stesso), la liquidità (quanto spesso viene scambiato lo strumento; uno strumento poco scambiato è meno preferibile di uno molto *liquido*), il *Bid-Ask Spread* (un ulteriore costo implicito per l'investitore, basso solitamente nel caso di ETF molto grandi e liquidi). Se un ETF dovesse essere liquidato, infine, l'investitore avrà comunque diritto a vendere le proprie quote fino alla data di liquidazione oppure a ricevere il valore di mercato delle sue quote al momento della liquidazione. Anche per questo motivo, investire in ETF è considerata una strategia vantaggiosa da parte di molti investitori.

Sappiamo bene, ormai, che l'analisi delle serie passate non deve necessariamente rispecchiare il futuro: ma, se si osservano i rendimenti *di mercato* (replicabili a basso costo con ETF), rispetto ai rendimenti di *fondi a gestione attiva* (il cui obiettivo è *battere* il mercato), il risultato è pietoso, per questi

ultimi. Come detto, gli indici e i relativi ETF permettono di catturare in pieno il rendimento di mercato, al contrario di un fondo attivo che cerca di fare di meglio. Più l'arco temporale è ridotto, più è facile fare meglio del mercato, ma se l'orizzonte si allunga, diventa quasi impossibile. In uno studio citato da J. Bogle, si evidenzia come su 355 fondi equity analizzati su un arco temporale di 46 anni dal 1970, 281 abbiano chiuso i battenti e solo due abbiano realizzato rendimenti chiaramente superiori al mercato (S&P 500): i rendimenti di entrambi questi fondi, tuttavia, hanno comunque registrato una tendenza a lungo termine a convergere verso la media di mercato. La statistica parla molto chiaro: cercare di battere il mercato non è per nulla facile, neanche per i professionisti di Wall Street.
Dunque, come suggerisce il fondatore di Vanguard, pensaci, e "non cercare l'ago, compra tutto il pagliaio".

In poche parole:

Moltissimi grandi investitori consigliano, per un investitore individuale interessato al mercato azionario, di investire passivamente su indici azionari. Un indice non è altro che un paniere di azioni, o di altri strumenti finanziari, il cui andamento dipende dall'andamento delle azioni stesse. A seconda della metodologia di ponderazione delle singole azioni nell'indice, si distingue tra indici *Equally-Weighted, Price-Weighted, Market-Cap. Weighted,* o anche *Free-Float Adjusted Market Cap. Weighted.* Ogni Paese ha vari indici azionari di riferimento: nella tabella all'interno del capitolo ne abbiamo visto alcuni, ma è consigliabile conoscerne il più possibile. Per investire in tali indici una delle opzioni è rappresentata dai fondi indicizzati, oppure dagli ETF. Un ETF non è altro che un fondo il cui obiettivo è quello di replicare un indice di riferimento (*sottostante*), e le cui quote vengono scambiate in borsa al pari delle azioni. Investire in ETF permette dunque di investire in una moltitudine di società con una sola transazione, riducendo moltissimo i costi di transazione e portando ad una diversificazione immediata. Gli ETF hanno un costo annuo denominato TER ed espresso in percentuale dell'investimento. Lo *Spread Bid-Ask* rappresenta invece un costo implicito, pagato al momento dell'acquisto o vendita dello strumento, ed è collegato alla dimensione del fondo e alla liquidità dello strumento.

Capitolo 13.

Le basi del bilancio aziendale

Il concetto di impresa

Il nostro ordinamento giuridico definisce l'impresa solo in maniera indiretta attraverso il concetto di imprenditore e quello di azienda. L'art. 2082 c.c. considera l'imprenditore come colui che esercita professionalmente un'attività economica organizzata al fine della produzione o dello scambio di beni o servizi. Mentre l'art. 2555 c.c. definisce l'azienda come "il complesso dei beni organizzati dall'imprenditore per l'esercizio dell'impresa". Essa è allora concepita come un sistema autonomo di relazioni e scambi, posti in essere al fine di realizzare un determinato scopo. Gli elementi che la compongono sono sinergicamente connessi tra di loro e assumono uno specifico ruolo in base all'obiettivo principale del sistema: l'esecuzione di una funzione economica che consiste nell'acquisizione di fattori della produzione, nella loro trasformazione in beni o servizi, e nella loro successiva cessione sul mercato al fine di realizzare un profitto.

Impresa come sistema

È semplice osservare come alla base dello sviluppo di una determinata impresa vi siano le relazioni e gli scambi. Gli attori che vi partecipano sono molti ed è opportuno, innanzitutto, soffermarsi sui principali: i fornitori e i clienti. I fornitori sono coloro dai quali l'impresa acquisisce la disponibilità dei fattori direttamente impiegabili nella produzione (beni strumentali, materie, servizi, lavoro). I clienti sono, invece, i soggetti ai quali l'impresa cede i prodotti della propria attività economica (beni e/o servizi). Il rapporto che si instaura tra il sistema impresa e gli operatori citati determina il sorgere da una parte di costi ed uscite e dall'altra di ricavi ed entrate. I costi ed i ricavi nascono, rispettivamente, quando si acquisiscono i fattori produttivi e nel momento in cui si vendono i prodotti. Quando si parla di impresa, o meglio della sua gestione, è importante far riferimento alla dinamica temporale delle operazioni poste in essere.
L'intervallo di tempo che intercorre tra il momento in cui i fattori sono acquisiti ed il momento in cui gli stessi, combinati tra di loro, sono venduti ai clienti come prodotti finiti è definibile come *ciclo di durata* (o *vita media*) dei fattori, semilavorati e prodotti finiti in attesa della vendita. È interesse dell'impresa minimizzare il periodo di tempo considerato, così da contenere il fabbisogno di risorse finanziarie. La vendita dei prodotti non rappresenta sempre il

momento finale dell'intero ciclo produttivo. Dal punto di vista quantitativo, entrate e ricavi coincidono sempre. Ciò non accade per quanto riguarda l'aspetto temporale.
Talvolta vengono concesse, infatti, delle dilazioni di pagamento. Esiste, allora, un ulteriore intervallo di tempo che si manifesta dal momento della vendita dei prodotti finiti sino al momento dell'incasso del rispettivo ricavo: il ciclo di durata dei crediti di funzionamento. Anche in tal caso, una sua riduzione è di aiuto per l'impresa. Similmente avviene per quanto riguarda i costi e le uscite monetarie. I contratti di fornitura prevedono, spesso, che i pagamenti avvengano in maniera dilazionata. L'intervallo temporale che intercorre dal momento in cui si realizza il costo sino alla relativa uscita monetaria, corrisponde al ciclo di durata (o vita media) dei debiti.
Le informazioni relative ad un'azienda sono contenute nel bilancio d'esercizio, composto dallo Stato Patrimoniale, dal Conto Economico, dal Rendiconto Finanziario e dalla Nota Integrativa.

Di cosa ha bisogno un'impresa per vivere?

Sulla base della durata del processo di monetizzazione (acquisizione fattori/entrate), e della vita media dei debiti di funzionamento possono

manifestarsi due tipi di situazioni.
Se i ricavi sono riscossi prima di quando debbano essere pagati i costi si determina la formazione di uno *stock* di risorse finanziarie a disposizione dell'impresa: surplus finanziario. In caso contrario, si genera un fabbisogno finanziario, cioè la necessità di uno *stock* di risorse finanziarie con le quali far fronte al pagamento dei costi da corrispondere ai fornitori prima dell'incasso dei ricavi dai clienti.
Il fabbisogno finanziario può essere distinto in *capitale fisso* e *capitale circolante*. Il capitale fisso è costituito da quei fattori che possono essere impiegati in maniera ripetuta in più processi produttivi (es. impianti, brevetti). Il capitale circolante è invece formato da quei fattori che cedono la propria utilità in unico processo. Rientrano nella categoria anche i beni strumentali, per la sola porzione di utilità ceduta nei processi di lavorazione (quota di *ammortamento*). Per garantire il maggior grado possibile di compatibilità tra investimenti in capitale fisso e relative fonti di copertura, è necessario che il fabbisogno sia soddisfatto con risorse finanziarie diverse rispetto a quelle utilizzate per coprire gli impieghi del capitale circolante.
Un'impresa è in *equilibrio economico* quando è capace di conseguire nel tempo ricavi maggiori dei costi e quando la loro differenza sia tale da assicurare una giusta remunerazione a tutti i soggetti che hanno fornito il capitale necessario. Si è, invece, in *equilibrio finanziario* quando si è capaci di far fronte nel tempo alle uscite tramite le entrate conseguite.

Tutti i fattori acquistati, i prodotti finiti e i crediti di funzionamento costituiscono il c.d. *capitale di funzionamento* ed è indicato nella sezione "attivo" o "impieghi" dello Stato Patrimoniale del bilancio d'esercizio di un'impresa. Lo *Stato Patrimoniale* è il documento che indica la situazione patrimoniale dell'impresa in uno specifico momento. I debiti di funzionamento costituiscono una voce del c.d. *capitale di finanziamento*, indicato nella sezione "passivo" o "fonti" dello stato patrimoniale del bilancio di un'azienda. Se i tempi di monetizzazione coincidessero con i tempi concessi dai fornitori per il pagamento dei fattori produttivi il capitale di finanziamento sarebbe formato unicamente dai debiti di funzionamento. In tal caso non si manifesterebbe alcuno scarto tra entrate ed uscite. In caso di fabbisogno finanziario, l'impresa ricorrerà invece al debito, oltre che usufruire del capitale proprio destinato da coloro che hanno dato vita all'attività imprenditoriale. Il capitale di finanziamento sarà allora costituito da queste due voci e dai debiti contratti con i fornitori.

Decisioni e funzioni

Affinché si possa valutare al meglio la situazione di una determinata impresa potrebbe essere utile far riferimento ad una particolare metodologia di riclassificazione del bilancio nota come *criterio della pertinenza gestionale*. Si prevede, infatti, che le voci di bilancio siano aggregate in base alle aree che contraddistinguono le attività dell'impresa. I criteri tradizionali di analisi della situazione finanziaria aziendale non permettono di distinguere i flussi di denaro che per loro natura appartengono a sfere decisionali diverse. Uno *Stato Patrimoniale* riclassificato con una metodologia del genere consente di individuare la destinazione economica degli investimenti effettuati dall'impresa per dar vita al proprio business. In altri termini, si intendono gli impieghi di capitale relativi alla gestione operativa caratteristica e alla *gestione accessoria.* Per accessorio si intende tutto ciò che non è pertinente all'attività principale di produzione. Il fine principale dell'impresa è espresso dalla *gestione operativa caratteristica.* Ne fanno parte le attività correnti (fattori relativi alle fasi ricorrenti, continue e sistematiche di acquisto, trasformazione, vendita o incasso) e le attività fisse (fattori strumentali al processo produttivo, sia materiali che immateriali). Il fabbisogno relativo al capitale fisso è riconducibile all'area degli investimenti in beni strumentali mentre quello relativo al capitale circolante netto è rappresentato dalle voci di bilancio associate all'area della *gestione corrente.* Le decisioni prese in merito al reperimento delle risorse finanziarie necessarie a coprire il fabbisogno globale determinano la c.d. *area dei finanziamenti* (capitale proprio e capitale finanziario di terzi). Ogni impresa è contraddistinta dal possedere una certa tipologia di fattori produttivi che forniranno la propria utilità in un arco temporale

più lungo (es. impianti) e in maniera ripetuta.
È importante precisare come tali beni abbiano la necessità di una manutenzione e di un continuo rinnovamento nel tempo e quindi di ulteriori risorse monetarie da utilizzare per far fronte a tali spese. Un fabbisogno del genere dipende dal tipo di impresa a cui si fa riferimento (dimensioni, settore di appartenenza, andamento del mercato, programmi futuri, grado di obsolescenza dei macchinari e altri). Il fabbisogno finanziario è in tal caso perpetuo e il recupero degli investimenti effettuati avverrà solo in maniera indiretta attraverso lo svolgersi della gestione operativa caratteristica e con il recupero degli ammortamenti. L'*ammortamento* è il procedimento attraverso cui un costo di un bene (es. un macchinario), viene ripartito su più esercizi. Ogni quota si riferisce quindi al bilancio annuale. Se il fabbisogno generato dagli investimenti in beni strumentali è durevole nel tempo, si dovrà quindi optare, per la loro copertura, per delle risorse finanziarie che seguano un orizzonte temporale di lunga durata. Per tale ragione, la forma più idonea di finanziamento da utilizzare è il *capitale proprio* dell'impresa in quanto non ha alcun tipo di vincolo. Nella maggior parte dei casi sarà opportuno ottenere dei finanziamenti da parte di terzi con un'ottica di rimborso a medio/lungo termine (mutui o obbligazioni). La società dovrà quindi restituire in un elevato numero di anni il capitale che le è stato prestato e la relativa quota di interessi. È fondamentale che tale forma di capitale sia

complementare rispetto al capitale proprio e che l'impresa abbia una buona capacità di generare profitto, non solo oggi, ma soprattutto in futuro.
Il *Capitale Circolante Netto* (CCN), voce molto importante, rappresenta invece l'investimento aggregato compiuto dall'impresa nella gestione corrente ed è rappresentato dalla somma delle attività e delle passività relative ai processi di tale gestione.

Attività - Passività =

Magazzino (materie prime, semilavorati, prod. finiti)
+
Crediti di funzionamento -
Debiti di funzionamento = ***CCN***

Se il risultato della somma è positivo allora si genera un fabbisogno finanziario: l'impresa non avrà dilazionato per intero i pagamenti ai fornitori. Sarà, quindi, necessario utilizzare capitale *proprio* o capitale *di terzi*. L'ammontare di risorse necessarie a coprire tali spese coincide esattamente con il CCN. I debiti verso i fornitori, se presenti, ritardano la manifestazione del fabbisogno finanziario e il CCN non serve ad altro che a finanziare lo scarto temporale tra pagamenti ed incassi della gestione corrente. La somma tra capitale fisso e capitale circolante netto costituisce il *Capitale Investito* (CI).

La creazione di valore

Dopo aver compreso quanto capitale serve ad un'impresa per funzionare possiamo ora soffermarci sul concetto di economicità e sulla capacità di creare reddito nel tempo. Si fa riferimento in questo caso al *Conto Economico*. La remunerazione dei portatori di capitale proprio (capitale di rischio) è costituita dagli *utili*. L'utile è concepito come la remunerazione del *Capitale Netto Gestionale* ed è considerato come il reddito della gestione corrente. La remunerazione dei portatori di capitale di credito è invece rappresentata dagli interessi (oneri finanziari), e dal successivo pagamento finale. Il reddito operativo caratteristico costituisce la somma di queste due remunerazioni.
Un buon investitore, analizzando il bilancio, dovrebbe quindi capire se il margine prodotto dall'attività tipica dell'impresa sia in linea, superiore o inferiore alle aspettative di remunerazione dei portatori di capitale finanziario (rischio e credito). Tutto ciò dipende dalla capacità dell'impresa di generare profitto e di far rendere il capitale investito. In termini pratici significa osservare il *fatturato* (ricavi totali al lordo dei costi), o meglio, il *Valore della Produzione* (VP). Essa rappresenta il valore totale della produzione realizzata nell'esercizio.

VP =

Fatturato +
Variazione del magazzino +
Valore dei beni strumentali costruiti in economia

Di particolare importanza è anche il *Valore Aggiunto*, che esprime la ricchezza totale generata al netto dei costi relativi al consumo dei fattori produttivi. Non è altro che il valore che l'impresa aggiunge per merito della sua attività. Sottraendo al valore aggiunto le voci riconducibili al costo del lavoro si ottiene il *Margine Operativo Lordo* (MOL), o *EBITDA* (*Earnings Before Interest, Taxes, Depreciation and Amortization*). Decurtando invece i costi relativi alla copertura della porzione dei beni strumentali, o meglio gli ammortamenti, si ottiene il Margine operativo netto (reddito operativo) o *EBIT* (*Earnings Before Interest and Taxes*). Il Reddito Operativo rappresenta il margine generato dall'impresa che servirà per remunerare i portatori di capitale proprio e di credito. Sottraendo dall'EBIT gli oneri finanziari si ottiene la remunerazione del capitale netto gestionale, di pertinenza degli azionisti.

Aggiungendo, infine, i proventi netti derivanti dagli investimenti accessori (non rientranti nella gestione caratteristica dell'impresa; come da partecipazioni in altre società) si determina l'*Utile Netto*. Il consiglio di amministrazione deciderà di distribuirne una parte agli azionisti sotto forma di dividendo oppure di incrementare il capitale proprio dell'azienda. Affinché si possa capire al meglio il grado di redditività di un'impresa è utile utilizzare degli indici. Uno dei più rappresentativi è il ROE (*Return on Equity*): tasso di remunerazione del solo capitale proprio. Esso è dato dal rapporto tra il Reddito della Gestione Corrente e i Mezzi Propri (capitale proprio). Se maggiore di 1, l'impresa genera una ricchezza netta al di sopra del capitale investito dagli azionisti.

Un ulteriore parametro è il ROI *(Return on Investment*): tasso di redditività dell'intero capitale investito. È dato dal rapporto tra il Reddito Operativo (EBIT) e il capitale investito nel periodo considerato. Anche in tal caso un valore maggiore di 1 è solitamente sintomo di una buona gestione. È importante precisare che l'indebitamento è spesso uno strumento utile alla creazione di valore per gli azionisti. Si fa in tal caso riferimento alla *leva finanziaria*.

Fonti di copertura	**Remunerazione**
	Valore Produzione - Costi beni/servizi
	=
Capitale Fisso (CF)	Valore Aggiunto - Costo del lavoro
+	
	=
Capitale Circolante Netto (CCN)	MOL (EBITDA) - Ammortamenti
=	=
Capitale Investito	Reddito Operativo (EBIT)
=	=
Debiti Finanziari + Capitale Netto Gestionale (CNG)	Oneri Finanziari + Reddito Gestione Corrente (RGC)

ROI=RO/CI

ROE=RGC/CNG

Se il ROI è maggiore del tasso di interesse applicato al capitale di credito da restituire, allora il capitale preso a prestito ed investito dall'impresa rende più di quanto costa, e tale differenza rappresenta il lucro dei detentori del capitale proprio.

L'impresa come flusso

Per valutare efficacemente una società, è necessario far riferimento al *flusso di cassa monetario* che è generato nel tempo, in altri termini al suo c.d. *Cash Flow*, le sue entrate al netto delle uscite. Il *cash flow* indica le variazioni intervenute, in un determinato periodo, nella liquidità di un'azienda per merito della gestione caratteristica. Il *rendiconto finanziario* è il documento contabile adibito alla raccolta delle relative voci. Il flusso di cassa può essere scomposto in 3 componenti:

- *Flusso di cassa operativo* (FCFO): è originato dalla gestione caratteristica dell'impresa.

- *Flusso di cassa per l'impresa* (FCFF): esprime il flusso di denaro disponibile per tutti i portatori di capitale (proprio e di terzi), dopo aver detratto i costi necessari al processo produttivo.

- *Flusso di cassa disponibile per gli azionisti*: fa riferimento ai soli flussi di cassa destinati agli azionisti, al netto dei pagamenti per i portatori di capitale di credito.

Un buon analista cercherà, dunque, di calcolare i flussi di cassa futuri e di capire quanto questi valgono oggi attraverso delle opportune metodologie di sconto come il *VAN* (Valore attuale netto).

In poche parole:

L'impresa è un sistema caratterizzato da un'elevata quantità di scambi e di relazioni. Ognuna di queste è realizzata con l'obiettivo di creare valore per tutti coloro che hanno un interesse nei confronti della società (stakeholder). Tra i principali attori vi sono fornitori, clienti, creditori e azionisti. Lo svolgersi del processo produttivo presuppone l'utilizzo di fattori quali le materie prime e i beni strumentali. Si delineano così rispettivamente, il capitale circolante e il capitale fisso. L'acquisto dei fattori produttivi e la vendita dei prodotti offerti determina il nascere di costi e uscite e ricavi ed entrate. Se il pagamento dei fornitori avviene prima che si incassi il denaro risultante dalle vendite si genera un fabbisogno finanziario ossia la necessità di risorse monetarie. Soddisfarlo significa utilizzare il capitale di rischio apportato dai soci o ottenere un prestito da terzi e quindi indebitarsi. Un'impresa sopravvive nel tempo se capace di remunerare sia gli azionisti che i creditori. Il valore della produzione, il fatturato e quindi l'utile netto indicano quanta ricchezza l'impresa è riuscita a generare in un determinato periodo di tempo. Ogni informazione è contenuta all'interno del bilancio d'esercizio, costituito dallo Stato Patrimoniale, dal Conto Economico, dal Rendiconto Finanziario che indica i flussi di denaro che si riesce a generare nel tempo, e dalla Nota Integrativa. Un buon investitore dovrebbe, quindi, investire in una società solo dopo un'attenta lettura del bilancio odierno e di quelli passati.

Capitolo 14.

Analizzare una società tramite gli indicatori

Su che società investire?

Non esiste una risposta corretta. tuttavia, la finanza aziendale e l'analisi finanziaria dei parametri di bilancio ci offrono moltissimi indicatori per valutare una società e compararla con altre. Tali indicatori, che si esprimono numericamente, sono utilissimi per potersi fare un'idea generale su un'impresa, prima di poterci investire. Tuttavia, prima di descrivere alcuni di essi, è necessario sottolineare alcuni aspetti importanti. Anzitutto, tali indicatori non sono perfettamente *affidabili*, nel senso che, oltre a cambiare di continuo, con un andamento irregolare che non necessariamente rispecchia l'andamento passato, non possono essere utilizzati se non in un'analisi omnicomprensiva, che include anche una valutazione *qualitativa* della società. Per questa ragione, è necessario tenere conto anche di fattori che difficilmente possono essere espressi numericamente. La qualità e il valore percepito di un *brand* per i consumatori non sono facili da misurare in maniera oggettiva. Allo stesso modo, la bravura e la competenza del management sono caratteristiche complesse e non misurabili facilmente, così come la qualità dei nuovi prodotti, l'impegno del personale, l'efficienza dei processi interni. Tali parametri, e molti altri, in ogni caso, sono spesso rispecchiati in maniera più o meno diretta negli indicatori numerici, che fungono non solo da strumenti di valutazione della società stessa, ma anche delle aspettative generali di mercato su quella società.

Gli indicatori, come abbiamo sottolineato, sono moltissimi. Ne abbiamo scelti alcuni di livello più o meno "base", la cui analisi può dare un'idea della società e può servire come spunto per approfondire poi attraverso indicatori maggiormente complessi. Oltre agli indicatori che vedremo, i quali vengono usati soprattutto per valutare l'economicità di un'azione rispetto ai suoi fondamentali, vi sono anche altre metodologie di valutazione. Il DDM (*Dividend Discount Model*), è un modello che indica nient'altro che il valore attuale dei dividendi futuri di una società, portando appunto l'ammontare di tali dividendi ad oggi. Il valore che si ottiene con questo modello viene poi confrontato con il prezzo dell'azione: se quest'ultimo risulta minore, allora la società potrebbe essere considerata sottovalutata, in relazione al valore attuale dei dividendi che, secondo le nostre aspettative, essa erogherà.

Naturalmente, il risultato finale dipende dal tasso di interesse utilizzato: minore è il tasso, più alto sarà il valore dei dividendi futuri. In riferimento, invece, agli utili (EPS), si applica lo stesso ragionamento con il modello DCF (*Discounted Cash Flow*), attraverso il quale si misura il valore attuale dei flussi di cassa futuri.

Indicatori assoluti di business

Sono gli indicatori più semplici, che abbiamo già nominato numerose volte finora. Li abbiamo definiti indicatori *assoluti* perché indicano dei parametri non relativi ad alcuna altra dimensione, ma danno un'idea della grandezza della società. Per questo motivo, tali indicatori non sono facilmente utilizzabili nella comparazione tra aziende, a meno che non vengono analizzati con un'ottica relativa, osservandone, ad esempio, la variazione percentuale nel tempo. Indicatori di questo tipo sono il fatturato, l'utile e il numero di dipendenti della società. Sono facilmente accessibili per tutte le società quotate e non, e, naturalmente, non sono influenzati dall'opinione né dalle aspettative future degli altri operatori di mercato.
In particolare, l'utile, come abbiamo visto nei capitoli precedenti, è uno dei più importanti per un *business*. Non esiste una definizione univoca di utile. Esso rappresenta la differenza tra il fatturato e i costi sostenuti per ottenere quel fatturato.

E le tasse? Le spese per interessi? E l'ammortamento?

Considerare, o meno, queste e altre voci nel calcolo dell'utile incide sul risultato finale, come abbiamo visto nel capitolo sui principi di bilancio. L'importante è che, nel comparare due o più società, i parametri utilizzati siano gli stessi.

Multipli sul debito e sulla redditività

Debito e redditività incidono sulla salute finanziaria di un'impresa e sulla sua capacità di generare reddito in futuro. Il debito si divide solitamente in debito a lungo termine e debito a breve termine. Poco debito è solitamente meglio, ma un indebitamento elevato potrebbe indicare che la società stia intraprendendo un progetto potenzialmente redditizio. Alcuni parametri per analizzare il debito di una società sono il rapporto *Cash-to-Debt*, il rapporto *Debt-to-Equity* e la copertura degli interessi.
Il *Cash-to-Debt*, come suggerisce il nome stesso, non è altro che il rapporto, in un determinato momento, tra la liquidità (ivi compresi, ad esempio, titoli di Stato a breve scadenza detenuti dalla società o altri strumenti finanziari considerati praticamente "privi di rischio"), a disposizione della società, e l'ammontare totale di debiti. Un *Cash-to-Debt* inferiore a 1 indica che la società non potrebbe ripagare tutti i debiti subito con la liquidità in suo

possesso. Tuttavia, ciò non deve necessariamente preoccupare un potenziale investitore: la società non deve pagare immediatamente tutti i suoi debiti, ma, auguratamente, si è indebitata in modo sostenibile e ben distribuito nel tempo. Il ragionamento è l'opposto nel caso di una situazione in cui il *Cash-to-Debt* sia superiore ad 1.

Il rapporto *Debt-to-Equity* è anch'esso molto importante per un investitore. L'*Equity* della società (anche detta *Shareholder* o *Stockholder Equity*), non è altro che la differenza tra il valore totale degli asset dell'impresa e il valore totale dei suoi debiti. Il valore dell'*Equity* può essere maggiore o minore di zero. Nel caso di valore negativo per un periodo di tempo prolungato, la situazione non è positiva, anche se la valutazione da fare in tali casi deve basarsi anche su altri fattori. Il debito, nella formula del rapporto *Debt-to-Equity* che abbiamo descritto, non è altro che la somma tra tutti i debiti a breve termine e quelli a lungo termine, anche se si possono utilizzare anche i soli debiti a lungo termine, ad esempio, tenendo a mente di utilizzare gli stessi nel paragone tra più società. Dunque, un rapporto *Debt-to-Equity* pari ad 1 indica una perfetta eguaglianza tra il valore dei debiti totali e dell'*Equity*, e un valore più elevato indica, in linea di massima, che la società ha un elevato livello di indebitamento rispetto al valore dell'*Equity* della società stessa. Il ragionamento opposto vale per un valore inferiore ad 1. Il rapporto *Debt-to-Equity* è quindi utilizzato per misurare il grado di leva finanziaria (*Financial Leverage*) di

un'impresa e per poterla confrontare con altre. Anche in questo caso, bisogna però ricordare che ogni settore, generalmente, ha dei livelli di indebitamento specifici, legati alle caratteristiche della concorrenza e dei modelli di business delle imprese stesse.
Un altro indice riguardante l'indebitamento è la copertura degli interessi (*Interest Coverage*). Esso misura il rapporto, in un determinato periodo di tempo, tra l'utile operativo (EBIT), e l'ammontare degli interessi passivi (ossia da pagare). La copertura degli interessi è molto importante perché riflette in maniera più diretta la situazione contingente dell'indebitamento dell'impresa, tenendo conto, al contrario degli altri indicatori visti finora, sia del tasso di interesse, sia della capacità dell'impresa di produrre effettivamente un reddito in grado di ripagare gli interessi sui suoi debiti a quel dato tasso.
In poche parole, questo indicatore ci mostra la capacità dell'impresa di ripagare i suoi debiti, tenendo conto del profitto che effettivamente genera.
Un'elevata redditività è generalmente considerata migliore.

Del resto, chi non vorrebbe che il proprio business generi un elevato ammontare di utili in relazione al fatturato ottenuto?

Scegliere i propri investimenti sulla base della redditività, tuttavia, potrebbe portare a dare un eccessivo peso a determinati settori, a discapito di altri. Infatti, la redditività è legata non solo alle competenze del management e alla qualità del brand, ma soprattutto al settore di appartenenza della società. Si distingue inoltre tra redditività *del capitale proprio* e *del debito*.

La redditività del business dell'impresa viene misurata attraverso il margine di profitto, un indicatore *relativo*, che permette dunque di comparare tra loro società aventi anche dimensioni diverse. Il margine, matematicamente, non è altro che il rapporto tra l'utile netto (ottenendo il margine operativo *netto*) o l'utile lordo (margine operativo *lordo*), e i ricavi. Tale rapporto viene quindi espresso in percentuale. Un margine basso è solitamente sinonimo di due situazioni: la società è nella fase iniziale del suo sviluppo e ha moltissime spese da sostenere, talvolta non riuscendo a generare alcun profitto, oppure la società è in una fase di maturità (o declino) del suo ciclo di vita, e ha bisogno di sostenere costi "inaspettati" per dare una spinta al suo modello di attività economica.

Un margine di profitto elevato, al contrario, può essere sintomo o di una fase immediatamente successiva a quella iniziale dello sviluppo di un'impresa, nella quale, dopo aver sostenuto i vari costi di avvio, essa inizia finalmente a generare forti profitti, oppure può essere la manifestazione diretta del settore di appartenenza della società.

Strutturalmente, le imprese in alcuni settori hanno margini più alti per le caratteristiche proprie del loro modello di business, dei prodotti che vendono e soprattutto dalla composizione quantitativa e qualitativa della concorrenza. Secondo FactSet, prendendo in considerazione il periodo di 5 anni dal 2013, questi sono stati i margini medi di profitto *netto* per alcuni settori dell'indice S&P 500 (n.b.: per il *Real Estate*, il valore non è la media, ma si riferisce solo al terzo trimestre 2018). In tale periodo, inoltre, la media dell'indice statunitense è salita da 9,4% (Q3 2013) a 11,8% (Q2 2018).

Settore:	**Margine netto medio:**
Real Estate	34,6%
I.T.	18,9%
Settore finanziario	14,9%
Utilities	10,6%
Materiali	9%
Settore industriale	9,1%
Media S&P 500	10,2%

Multipli di valutazione

Come suggerisce il nome, questi indicatori sono il risultato della valutazione degli operatori di mercato di una società in un determinato momento.
Da un lato, sono utilissimi per gli investitori per capire quanto si sta pagando per l'acquisto (o ricevendo per la vendita), di un'azione in relazione a determinati valori del suo business o del suo bilancio. Dall'altro lato, questi indicatori sono il risultato della valutazione del mercato in un certo

istante: come abbiamo già visto, la valutazione degli operatori di mercato non sempre è corretta, poiché ognuno può avere strategie, obiettivi e opinioni divergenti. Questi multipli indicano il costo (prezzo) di un'azione in relazione ad un valore di riferimento: ad esempio, se si riferisce ai ricavi (*P/S ratio*), così come per molti altri parametri, si preferirà un valore basso.

A parità di fatturato (tralasciando altri fattori), preferiresti pagare le azioni di più o di meno?

Ovviamente la seconda, e lo stesso vale per altri parametri. In generale, i multipli di valutazione che andiamo ad osservare, e gli altri, sono strettamente correlati al settore o sotto-settore di appartenenza dell'impresa. I settori considerati con maggiori possibilità di crescita tendono ad avere multipli di valutazione elevati, a causa delle aspettative assai ottimiste degli investitori sul loro futuro. Oggi, alcune società I.T. o operanti con la tecnologia, hanno multipli elevatissimi. Peter Thiel, co-founder di PayPal afferma all'interno del suo libro Zero to One che "*la tecnologia ci permette di fare di più con di meno, elevando le nostre capacità.*" Settori del genere hanno quindi grandi potenzialità di crescita.
Al contrario, settori considerati stagnanti o con poco margine di crescita hanno multipli solitamente bassi, e i settori considerati in declino o molto poco redditizi potrebbero avere multipli ancor più bassi. Tali multipli possono essere utili per comparare

società diverse tra loro, ma anche per osservare l'andamento storico di tali rapporti di una società o per confrontarla con il mercato nel suo complesso (visto che tali multipli sono calcolabili anche per gli indici).

Quindi... Cosa indicano questi multipli?

Tutti i multipli di questo paragrafo tengono in qualche modo in considerazione il *prezzo* delle azioni di una società in relazione al *valore* della società stessa sotto vari punti di vista. Bisogna notare che calcoli non cambiano se anziché il prezzo, che è il riferimento unitario, si considera la capitalizzazione, riferimento assoluto che indica il "prezzo totale" della società: l'importante è utilizzare, rispettivamente, sempre riferimenti unitari o assoluti nelle analisi comparative. Se il mercato crede che la società abbia buone prospettive, allora il prezzo delle azioni sarà molto elevato, ad esempio, in relazione agli EPS correnti, e si avrà un relativo multiplo elevato. L'opposto in caso di aspettative non buone.
I multipli che osserviamo sono il rapporto P/E (o P/E *ratio*), il rapporto P/B, il rapporto P/S, il rapporto PEG e quello EV/EBITDA, e sono tutti semplici, intuitivi e utili. Per la maggior parte di essi, è generalmente riconosciuto che più basso è "meglio".
Il P/E *ratio* (rapporto tra prezzo e utili), sopravvalutato dagli investitori inesperti e forse sottovalutato da quelli più esperti, indica il rapporto

tra il prezzo di un'azione e gli utili per azione, EPS (oppure, ragionando in modo assoluto, il rapporto tra capitalizzazione della società e utili totali generati dalla società). Nel caso del nostro ristorante Aljamal, ricordiamo che esso produceva 100.000€ di utili totali nell'anno di riferimento, pari a 25€ per azione (EPS), su un totale di 4.000 azioni. Calcoliamo ora il rapporto P/E. Esso non è altro che il rapporto tra il prezzo di un'azione (o di tutte le azioni), e gli utili per azione (o di tutta la società). Il socio che ha abbandonato la nave ha ricevuto, in cambio della sua quota del 25% del ristorante, un compenso di 150.000€. Tale valore, con una semplice proporzione, porta la valutazione del mercato (in questo caso, dell'ex-socio) totale a 600.000€, ossia 150€ per azione. Il P/E ratio di Aljamal è quindi pari a 6. Se calcolato sul profitto degli ultimi 12 mesi, tale rapporto viene comunemente chiamato "P/E *TTM*" dove TTM sta per *Trailing Twelve Months*. Se, invece, viene calcolato sugli utili *previsti* per i 12 mesi successivi, il rapporto viene chiamato "*Forward* P/E". In questa tabella con dati del Prof. Damodaran della NYU riferiti a gennaio 2020, vediamo i rapporti P/E *Trailing* e *Forward* in alcune industrie di società quotate statunitensi in quel periodo.

Industria:	**P/E, T*railing*:**	**P/E, F*orward*:**
Advertising	23,8	13,8
Beverage (soft)	34,5	39,9
Broadcasting	8,6	12,2
Cibo (ingrosso)	48	19,1
REIT	48	61,6
Gomma & pneum.	21,5	8,9
Semiconduttori	97	248,1
Scarpe	23	19,6
Servizi fin.	83	16,9
Healthcare	84,4	71,4
Petrolio & Gas	22,6	32
Metalli preziosi	76,8	32,2

Come si può facilmente capire, il rapporto P/E, qualsiasi sia la sua forma, varia nel tempo. Esso varia quotidianamente, con il continuo movimento del prezzo delle azioni, e varia stagionalmente, quando vengono aggiornati gli utili della società o le

previsioni degli analisti su di essi. Per questo motivo, molti investitori si concentrano sulla media storica di vari anni (es. 5, 10 o 20 anni), e sull'andamento generale di tale multiplo di valutazione, confrontandolo con la media storica di settore.
Il rapporto P/B (*Price-To-Book Ratio*), e gli altri che vedremo in seguito, si basano su ragionamenti molto simili a quelli del P/E ratio: essi indicano la valutazione del mercato, in relazione però non agli utili per azione, come nel caso del parametro appena visto, ma tenendo in considerazioni altri parametri. Nel caso del rapporto P/B, esso non è altro che il rapporto tra il prezzo delle azioni (o capitalizzazione della società), e il valore di bilancio di ogni azione, BVPS, ossia *book value per share* (o il valore totale di bilancio della società, il c.d. *Book Value*, appunto). Il valore di bilancio per azione si ottiene dividendo il valore totale per il numero di azioni. Il risultato che si ottiene con il rapporto P/B è un multiplo che ci indica quanto è valutata dal mercato la società in relazione agli asset che effettivamente ha nel suo bilancio. Per società con maggiore potenziale di crescita, il rapporto P/B tende ad essere più elevato, poiché tale potenziale di crescita viene in qualche modo assorbito dalla valutazione di mercato. In questa tabella con dati da Siblis Research, aggiornati a giugno 2020 vediamo i rapporti P/B dei vari settori dell'indice americano S&P 500.

Settore:	**Rapporto P/B:**
Communications	3,5
Cons. discretionary	9,7
Cons. staples	5,5
Energy	1,2
Financial & RE	1,3
Healthcare	4,7
Industrials	4,6
I.T.	9,1
Materials	2,5
Utilities	2

Si vede facilmente come, al momento della raccolta di questi dati, la valutazione del mercato fosse più generosa verso alcuni settori (*Consumer Disretionary*, *I.T.*), rispetto ad altri (*Energy*, *Financial & RE*, *Utilities*). Questo, come detto, è influenzato dalle aspettative di crescita migliori per i primi settori rispetto ai secondi.

Un altro rapporto, molto facile ed intuitivo, è il rapporto P/S (*Price-to-Sales Ratio*). Esso indica la relazione tra la valutazione della società (come al solito espressa dal prezzo di un'azione o dalla capitalizzazione della società), e il fatturato (per singola azione, o dell'intera società). Anche in questo caso, un multiplo elevato è sinonimo di aspettative positive di crescita per gli investitori. Un rapporto P/S pari a 1 indicherebbe che la valutazione della società è pari al suo fatturato. Un valore minore indicherebbe che è valutata meno del suo fatturato, mentre un valore superiore ad 1 significherebbe che la valutazione del mercato è superiore al fatturato della società in un dato periodo di tempo, solitamente annuo. Nella seguente tabella con dati da CSImarket.com, riferiti al secondo trimestre 2020, osserviamo il rapporto P/S per alcuni settori USA.

Settore:	**Rapporto P/S:**
Basic materials	1,6
Cons. discretionary	1,2
Energy	1,2
Financial	2,4
Healthcare	4,5
Services	3,9
I.T.	4,7

Vi è poco da sorprendersi se, anche in questo caso, i settori con aspettative migliori per il futuro sono valutate di più dagli investitori, in relazione al loro fatturato. Bisogna ancora sottolineare che, tuttavia, il rapporto P/S è poco utile se non considerato insieme ad altri fattori. Ad esempio, due società potrebbero avere stessa capitalizzazione e stesso fatturato, con conseguenti rapporti P/S identici. Una di loro, però, potrebbe avere margini di profitto molto maggiori, e ciò non trasparirebbe dal P/S ratio (ma apparirebbe dal P/E).

Il PEG ratio (*Price-to-Earnings Growth Ratio*), è uno dei più dinamici ed interessanti tra i multipli di valutazione che osserviamo, poiché tiene conto della crescita attesa degli utili di una società. Serve quindi a migliorare il P/E ratio, sia concettualmente che

algebricamente, offrendo una visione più completa. La formula del PEG non è altro che il rapporto tra il P/E *ratio* della società considerata e la crescita percentuale prevista dei suoi utili. Non esiste però una definizione specifica dell'arco di tempo da considerare nel calcolo: si può, ad esempio, tenere conto degli utili attesi per il prossimo anno, tre anni o cinque o più anni. In generale, il risultato della computazione del PEG può portare a 3 conclusioni: PEG pari ad 1 (la società è "correttamente" valutata), superiore ad 1 (potrebbe essere sopravvalutata rispetto alla sua crescita prevista), o inferiore ad 1 (caso in cui potrebbe essere sottovalutata).
Prendiamo l'esempio di una società le cui azioni hanno un prezzo corrente di 9€ ciascuna. Con un EPS l'anno scorso di 1€, e quest'anno di 1,10€, la crescita percentuale degli utili per azione è, evidentemente, pari al 10% annuo. In questo caso, il PEG ratio della società in questione sarà pari al rapporto tra il P/E e tale crescita. Dunque, si ha PEG uguale a 8,2/10: ossia 0,82. È importante non considerare la percentuale nel calcolo, altrimenti in questo caso il risultato sarebbe stato pari a 82. Oggigiorno, il PEG ratio è importantissimo poiché serve a spiegare, spesso, gli elevati P/E di aziende operanti in settori in rapida evoluzione, come quello delle del digitale o di tecnologie innovative: in alcuni casi, queste società hanno P/E elevatissimi, anche superiori a 50-100 o 1000, ma hanno anche tassi di crescita attesa elevatissimi, il che rende più "adeguate" tali valutazioni. Nella seguente tabella

vediamo i PEG ratio dei vari settori dello S&P500, da uno studio di Yardeni Research Inc. di settembre 2020.

Settore:	**PEG *ratio*:**
Cons. discretionary	1,8
Cons. staples	3,2
Energy	3
Financial	5,6
Healthcare	1,6
Industrials	6,8
I.T.	2
Materials	1,3
Utilities	4,3

Dato il periodo di elevata volatilità ed incertezza nei mercati, causato dalla pandemia, questi valori si discostano abbastanza dalle medie degli ultimi anni. Per questo motivo, è necessario sempre analizzare il PEG e altri multipli tenendo a mente il contesto economico, finanziario e sociale del periodo di riferimento. In questo caso, la differenza con le medie degli anni precedenti è stata molto marcata soprattutto per il settore finanziario e per quello industriale, ma anche per il settore tecnologico e quello della salute.
Infine, vediamo il rapporto EV/Ebitda. Come negli altri casi, l'obiettivo di questo multiplo è quello di fornire un parametro di valutazione di una società. Esso è formato da due elementi: l'EV (*Enterprise Value*), che fornisce indicazioni sul valore totale di

una società ed è pari alla somma della capitalizzazione di mercato e l'indebitamento *netto*, pari al debito totale, a breve e lunga scadenza, meno l'eventuale liquidità a disposizione della società, e l'EBITDA (*Earnings Before Interests, Tax, Depreciation And Amortization*), ossia l'utile realizzato dalla gestione caratteristica d'impresa. Molti analisti considerano questo multiplo più affidabile del P/E, poiché tiene in conto il debito e la liquidità della società e non fattori quali tasse, interessi e ammortamento, che possono incidere anche pesantemente. Anch'esso, come gli altri che abbiamo visto, può essere utile per comparare tra loro imprese dello stesso settore e per osservarne l'andamento nel tempo. Vediamo anche in questo caso i valori per i settori dello S&P 500, con dati da Siblis Research di giugno 2020.

Settore:	**Rapporto EV/EBITDA:**
Communications	11,6
Cons. discretionary	18,9
Cons. staples	15,9
Energy	16
Healthcare	15,6
Industrials	12,8
I.T.	18,9
Materials	13,3
Utilities	12

Nel periodo di tempo considerato, le valutazioni maggiori sono state concesse a società del settore tecnologico e quello *Consumer Discretionary*, ovvero dei beni considerati non essenziali, il cui acquisto dipende essenzialmente dalle preferenze e dal reddito o patrimonio del consumatore.

I dividendi

Come abbiamo già osservato, i dividendi sono quella parte dell'utile che la società dà agli azionisti, come remunerazione per il rischio che corrono e come pagamento della parte del profitto che spetta loro, tenendo conto anche delle esigenze finanziarie della società. Infatti, non tutte le società rilasciano dividendi, e molte non lo fanno in maniera stabile. Quando lo fanno però, molto spesso tendono a mantenere questa strategia di remunerazione attiva dei loro azionisti, spesso aumentando in maniera costante l'ammontare del dividendo annuo dato agli azionisti. Per quanto riguarda la frequenza di erogazione, solitamente, le società che rilasciano dividendi lo fanno una volta l'anno (annualmente), due volte l'anno (semestralmente), o quattro volte (trimestralmente), anche se alcune società rilasciano dividendi ogni mese. Una volta determinato il periodo di erogazione, di norma, molte società continuano ad erogare i dividendi degli anni successivi nello stesso periodo.
Un azionista, quando riceve i suoi dividendi, ha

solitamente due alternative (che possono operare, talvolta, anche automaticamente). Ha infatti la possibilità di ricevere i suoi dividendi in *cash*, o meglio sotto forma di pagamento sul suo conto, e poi vedere cosa fare con quel denaro, oppure può scegliere di reinvestire l'ammontare ricevuto in azioni della società, ricevendo (si spera), maggiori dividendi in seguito, e ampliando anche la dimensione del suo investimento in quella società.
Per molti investitori, i dividendi sono il principale obiettivo di investimento, poiché permettono di generare una vera e propria rendita *passiva*, tenendo conto dei rischi del caso e dell'ammontare investito. Soprattutto nel lungo periodo, nel quale c'è maggiore sicurezza dei rendimenti e maggiore effetto *compounding*, i dividendi possono essere un ottimo mezzo e, nella storia del mercato azionario dallo scorso secolo, hanno rappresentato buona parte dei rendimenti del mercato azionario.
Vediamo ora alcuni parametri che possono aiutarci a comprendere la situazione di una società dal punto di vista dei dividendi: il *Payout Ratio*, il rendimento da dividendo, il numero di anni di erogazione e di crescita dei dividendi e la percentuale di crescita.
Il *Payout Ratio* (o tasso di distribuzione degli utili), non è altro che la percentuale degli utili che viene erogata sotto forma di dividendi agli azionisti della società. Se un'impresa fattura 1 miliardo di €, ha un utile netto annuo di 180 milioni di € ed eroga 36 milioni nell'anno considerato in dividendi, è facile dedurre che il suo *payout ratio* è pari al 20%.

Dunque, tale società dà agli azionisti il 20% del suo utile, sotto forma di dividendi. Al contrario, il tasso che indica la parte non data agli azionisti (80% nell'esempio), è denominato *tasso di ritenzione degli utili* o *Retention Ratio*. Il *Payout Ratio* è molto utile per valutare la stabilità e la sostenibilità dei dividendi: immaginiamo che, anziché 36 milioni, la società in questione abbia invece erogato 171 milioni di € in dividendi. Un tasso di distribuzione pari al 95%, difficilmente migliorabile, se non con un aumento degli utili realizzati dalla società. Normalmente, quindi, gli investitori apprezzano tassi di distribuzione *medi*, da paragonare poi al settore di appartenenza della società e alle serie storiche della società stessa. Tuttavia, in alcuni casi il *Payout* è strutturalmente (o per legge), alto a causa del settore di appartenenza: negli USA, ad esempio, i REIT (*Real Estate Investment Trusts*), sono obbligati ad erogare almeno il 90% del loro utile agli azionisti, per ottenere poi alcuni vantaggi fiscali, così come altre tipologie di società (MLP, BDC). Può capitare che tali società, così come quelle di altri settori, possano avere dei *Payout* superiori al 100% per determinati periodi di tempo. In questi casi, la situazione non è chiaramente sostenibile a lungo termine: la società dovrà indebitarsi (soluzione poco sostenibile), produrre più utili o tagliare i dividendi.
Il rendimento da dividendo (*Dividend Yield*) è probabilmente l'indicatore più semplice di tutti per quanto riguarda i dividendi, e il più immediato da osservare e analizzare. Esso è pari al dividendo per

azione (o dividendi totali erogati dalla società), erogato nell'ultimo anno, rispetto al prezzo dell'azione (oppure alla capitalizzazione). Il rapporto percentuale indica quanto riceviamo in dividendi su ogni euro investito (a patto che i dividendi rimangano costanti).
Il rendimento da dividendo dipende quindi da due fattori: l'ammontare annuo de dividendo, e il prezzo dell'azione. Entrambi questi parametri possono variare nel tempo: il prezzo dell'azione, come sappiamo, varia continuamente durante gli orari di apertura delle borse, l'ammontare del dividendo varia ogniqualvolta la società decide di aumentarlo, tagliarlo o sospenderlo temporaneamente o definitivamente. Se il prezzo scende, a parità di dividendo, il rendimento da dividendo sale, e viceversa. Se l'ammontare del dividendo sale, a parità di prezzo, il *Dividend Yield* sale, e viceversa.
Dunque, questo parametro è in continua evoluzione: un rendimento da dividendo elevato o in continuo aumento è attraente per gli investitori, ma un rendimento da dividendo eccessivamente alto può anche essere sintomo di una pessima situazione, nella quale il prezzo delle azioni è in continua discesa.
Inoltre, il *Dividend Yield* può essere calcolato anche sui dividendi attesi per l'anno successivo alla data di riferimento. Si parla in questo caso di *Forward Dividend Yield*. Se si fa riferimento ai 12 mesi precedenti, si parla invece di *TTM Dividend Yield*.
Molti investitori osservano anche il numero di anni di fila di erogazione dei dividendi, a prescindere

dall'andamento dell'ammontare, e anche il numero di anni di fila in cui la società ha aumentato (o quantomeno non ha diminuito), i dividendi erogati. Negli Stati Uniti, le società dell'indice S&P 500 che aumentano i loro dividendi da 25 o più anni vengono definite "Dividend Aristocrats". I "Dividend Kings", un gruppo ancor più ristretto, incrementano invece i dividendi erogati da almeno 50 anni. Anche in Europa e in Italia vi sono società che non diminuiscono o aumentano i dividendi da vari anni. Per un investitore, sapere, ad esempio, che una società è riuscita in passato a continuare a pagare dividendi anche durante la bolla *Dot-com*, la crisi finanziaria globale del 2007 o altri periodi di difficoltà e incertezza economica generale, è sicuramente un buon segno in quanto ad affidabilità e stabilità passata, anche se bisogna sempre tenere a mente che la performance passata non è una garanzia di quella futura.

Aumentare i dividendi rende felici gli azionisti e, per molte società, è sintomo di un modello di business sostenibile nel tempo. È molto importante quantificare l'aumento del dividendo, e lo si fa normalmente con una misura molto utilizzata in finanza e non solo, il tasso di crescita annuo composta (CAGR, *Compound Annual Growth Rate*). Il CAGR ci dice quanto sono cresciuti i dividendi in un determinato arco di tempo. Tale misura prende in considerazione una crescita *composta*, nella quale la crescita percentuale si riferisce a tutto l'ammontare disponibile nel momento di riferimento: in pratica, se

una somma pari a 100 cresce fino a 106 in 3 anni, avrà avuto un CAGR pari all'1,96% (nel caso di modello *semplice*, tale percentuale sarebbe stata pari al 2%). Il CAGR può essere calcolato con formule relativamente semplici oppure con strumenti di calcolo online e non. Molti investitori osservano tale tasso di crescita non solo da un anno a quello successivo, ma anche e soprattutto per periodi di tempo più lunghi, come 3, 5, 10 o più anni. In questo modo, si ha un'idea più accurata e completa dell'andamento dei dividendi, soprattutto se tali archi temporali vengono poi confrontati tra loro o con quelli delle società concorrenti a quella considerata.
I dividendi non sono l'unico modo in cui una società può remunerare i suoi azionisti: esiste anche l'acquisto di azioni proprie, o *Share Buyback*. In breve, attraverso l'acquisto di azioni proprie, una società *elimina* alcune azioni dalla circolazione.

Perché mai dovrebbe?

Torniamo al caso di Aljamal (tralasciando ostacoli formali e di tipo normativo): il nostro ristorante aveva un totale di 4.000 azioni.

Che succede se ne riacquista 1.000?

Se le riacquistasse, l'utile per azione, EPS, passerebbe da 25€ a più di 33€. Con un utile per azione maggiore, ogni azione avrebbe sicuramente un valore (e un prezzo), maggiore. L'acquisto di azioni proprie è sfruttato per aumentare "artificiosamente" gli EPS, "gonfiando" in qualche modo il prezzo dell'azione. Attenzione, non c'è nulla di illecito in questa pratica, né di illogico: è chiaro che un investitore razionale pagherebbe di più per un'azione alla quale è associato un utile maggiore. Lo *Share Buyback*, tuttavia, può anche confondere il mercato, poiché non riguarda effettivamente alcun aspetto di business della società. Per osservare se e quanto una società adotti questa pratica, è sufficiente osservare il numero di azioni (*Shares Outstanding*), nel tempo: se diminuiscono, la società sta acquistando azioni proprie.

In poche parole:

Per scegliere dove investire, esistono moltissimi indicatori, alcuni detti *multipli*, che possono offrire spunti interessanti per la valutazione di una società e per il paragone tra varie imprese. Anche se non comprendono fattori qualitativi importanti, tali parametri sono molto utili per un investitore. Tutti questi indicatori dipendono dalla società, dalla qualità del suo management, dal valore che i consumatori associano ai suoi brand e soprattutto dal settore di appartenenza: alcuni settori hanno strutturalmente determinati multipli diversi da altri, per ragioni legate ai loro modelli di attività economica.

Gli indicatori "di business", tra cui fatturato, utile, numero di dipendenti, sono utili per inquadrare la società nel suo complesso, ma solo se osservati in maniera relativa e dinamica possono essere utili per comparare più società tra loro. Riguardo il debito, alcuni dei multipli più importanti sono il rapporto *Cash-to-Debt*, il rapporto *Debt-to-Equity* e la copertura degli interessi. Dal punto di vista della redditività di un'impresa, il margine di profitto consente di farsi un'idea, dal punto di vista anche *business*, di quanto profitto genera la società.

I multipli più osservati dagli investitori sono però quelli sulla *valutazione* della società. Essi, in generale, tengono in considerazione il rapporto tra il prezzo delle azioni della società e altri parametri relativi alla società stessa, offrendo un'idea, appunto, della valutazione del mercato nei confronti della società: se sono bassi, l'azione della società è considerata più "economica" rispetto al valore di riferimento del multiplo. Sono anche molto utili per comparare tra loro società in uno stesso settore. Alcuni di essi sono il rapporto P/E (*P/E ratio*), il rapporto P/B, il rapporto P/S, il rapporto PEG e quello EV/EBITDA. Il punto debole di tali multipli, oltre al fatto che non danno una valutazione completa se non osservati insieme a molti altri parametri, è che essi derivano dall'opinione degli altri investitori, che come sappiamo può essere sbagliata. Infine, i dividendi, ossia la parte di utile che la società può scegliere di dare agli azionisti, sono un parametro importantissimo per la maggioranza degli investitori. Per analizzare la situazione dei dividendi di una società se ne possono osservare il *Payout Ratio*, il rendimento da dividendo, gli anni di erogazione dei dividendi e la percentuale di crescita. Un altro metodo comune di remunerazione degli azionisti da parte di una società è l'acquisto di azioni proprie (*Share Buyback*), che si osserva attraverso l'andamento del numero di azioni (*Shares Outstanding*) di una società.

Capitolo 15.

Altri strumenti finanziari

Non solo azioni

Le azioni non rappresentano l'unico strumento finanziario tramite cui è possibile investire una somma di denaro. Potrebbe essere tra quelli più rischiosi, rispetto alla generalità degli strumenti negoziati all'interno dei mercati. Ogni individuo dovrebbe cogliere con lucidità le giuste opportunità.

Esse rimangono nascoste fin quando non si decide di guardare oltre le proprie convinzioni.

Una buona dose di volontà è comunque sempre necessaria, navigare in mari sconosciuti non è sicuramente semplice. In generale, investire significa allocare una parte del proprio denaro in una specifica attività che ha buone prospettive di realizzare una crescita del suo valore nel tempo.

Le obbligazioni societarie

Esistono, al giorno d'oggi, diverse metodologie di finanziamento per imprese. La maggior parte di queste ha la necessità di raccogliere del denaro sotto forma di prestito. Il capitale (detto "di rischio") sottoscritto dai soci, non è sempre sufficiente per coprire il fabbisogno finanziario.
Un livello ottimale di indebitamento potrebbe persino rappresentare un vantaggio per gli azionisti, per merito della leva finanziaria.

Come riesce allora una società a far si che le venga prestato il denaro di cui necessita?

Una delle strade possibili è quella di emettere titoli di debito: le obbligazioni. Ogni obbligazione rappresenta una frazione di uguale valore nominale e con uguali diritti di una sola operazione di finanziamento. Per chi le acquista rappresenta un titolo di credito. Uno strumento del genere presuppone che a fronte del pagamento di un importo prestabilito, si ottenga successivamente il rimborso del capitale prestato (il prezzo pagato) e una o più quote di interesse (dette *cedole*). Si ha infatti la possibilità di sottoscrivere un'obbligazione che preveda il pagamento di cedole in più periodi, oltre che la restituzione del suo *valore facciale.*
Di solito, la periodicità è trimestrale, semestrale o annuale. Il rendimento coincide con il tasso d'interesse applicato. In altri termini, l'interesse è il

premio che si ottiene se si decide di finanziare una società. Maggiore è il rischio che la società non possa restituire il denaro prestato, e maggiore sarà il tasso d'interesse che un investitore pretende.
L'interesse può essere fisso o variabile (indicizzato a particolari parametri, come ad esempio il LIBOR, *London Interbank Offered Rate*). Se variabile, il prezzo delle obbligazioni tende ad avere oscillazioni più contenute, mentre in caso di tassi fissi si registra una volatilità maggiore. Il valore del titolo dipende dall'andamento dei tassi d'interesse:

- *Un incremento dei tassi determina la diminuzione del valore di un'obbligazione a tasso fisso; se variabile il valore tende a stabilizzarsi.*

- *Un decremento dei tassi determina un acquisto di valore dei titoli a tasso fisso; il prezzo di un'obbligazione con tasso variabile rimane neutro.*

Il rendimento dei titoli obbligazionari dipende dalla loro scadenza (*maturity*). La curva dei rendimenti (*Yield Curve*) può presentare quattro forme differenti, le quali sono sempre osservate attentamente dagli investitori.

- *Crescente*: il rendimento dei titoli a medio-lungo termine è superiore al rendimento dei titoli a breve termine. Questo accade a causa di una maggiore rischiosità delle obbligazioni a lungo termine; gli investitori richiedono infatti un premio più alto. È sintomo di un'economia in espansione o di una fase inflattiva e include le attese di una politica monetaria restrittiva con un aumento dei tassi delle banche centrali.

- *Decrescente*: il rendimento dei titoli a medio-lungo termine è inferiore al rendimento dei titoli a breve termine. All'aumentare della scadenza i tassi diminuiscono. Gli investitori considerano più rischioso il breve periodo. Un andamento del genere rappresenta il presupposto per una fase economica recessiva (o deflattiva) e incorpora le attese di una politica monetaria espansiva.

- *Piatta*: tutti i titoli hanno lo stesso rendimento indipendentemente dalla scadenza. Indica una fase di transizione.

- *"A gobba":* rendimento inizialmente crescente, e poi decrescente.

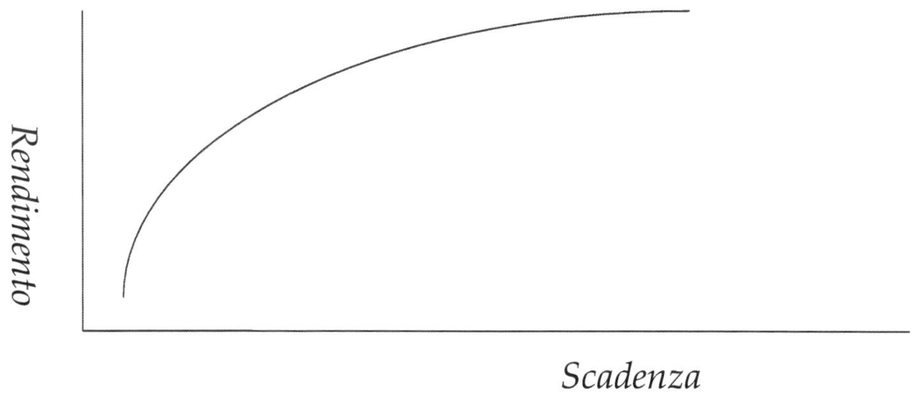

Se il titolo è emesso *sotto la pari* aumenta il rendimento dell'investimento: il valore rimborsato alla scadenza sarà maggiore del prezzo pagato inizialmente. Altrimenti, viene detto *sopra la pari*. Le obbligazioni possono anche prevedere un unico pagamento, senza che vi sia alcun tipo di cedola. Titoli del genere prendono il nome di ZCB (*Zero-Coupon Bond*).

Chi acquista ha il vantaggio di essere debitore (dal punto di vista della società), e per tal motivo avere una posizione predominante in caso di fallimento della società. Tuttavia, non si possiede il diritto a partecipare alle assemblee e di esprimere il proprio voto. Inoltre, si ha la possibilità di acquistare delle *obbligazioni convertibili*, che prevedono la facoltà di convertire il prestito in un titolo azionario e godere così dei relativi diritti.

La scelta di allocare una parte del proprio denaro in titoli obbligazionari dipende dalla propensione al rischio dell'investitore. Il rischio associato dipende principalmente dalla volatilità del prezzo del titolo e quindi dalla sua durata (maggiore è l'arco temporale maggiori sono le possibili oscillazioni), dall'entità della cedola e dalla loro frequenza (un numero elevato significa minori fluttuazioni). L'obbligazione si può anche detenere fino a scadenza, sena l'influenza di eventuali variazioni dei tassi. Uno strumento matematico efficace per misurarne la rischiosità è la *duration*.

I titoli di Stato

Un'ulteriore forma di obbligazioni sono i *titoli di Stato*, titoli di debito emessi da enti governativi nazionali. Lo scopo principale è quello di permettere ad uno Stato di raccogliere il denaro necessario a coprire il proprio fabbisogno. Una situazione del genere si manifesta quando le entrate (es. prelievi fiscali) non sono sufficienti per la copertura delle uscite (es. servizi offerti ai cittadini). Un'ingente quantità di titoli emessi è una delle cause principali di un debito pubblico elevato, insieme all'andamento del tasso di interesse su questi titoli. I titoli di Stato italiani più importanti sono i BTP (Buono del tesoro poliennale) e i BOT (Buono ordinario del tesoro), rispettivamente obbligazioni a cedola fissa e Zero-Coupon-Bond.
Altri titoli obbligazionari italiani sono i BTP Italia con cedole indicizzate all'inflazione del nostro Paese e di durata di 4, 6 o 8 anni, i Certificati di Credito del Tesoro (CCT) e i Certificati del Tesoro Zero Coupon

(CTZ). Le *Treasury Security* sono invece i titoli di Stato statunitensi, che hanno varie caratteristiche e durata, e che sono i più osservati dagli investitori.
Spesso, si sente parlare dello *Spread* come una delle misure più significative per comprendere la solidità e la forza dell'economia di un Paese: esso rappresenta la differenza tra il rendimento di due titoli di Stato dello stesso tipo e durata; si prende di solito come titolo di riferimento il *Bund* tedesco, titolo a 10 anni.
Al crescere del distacco tra il *Bund* e i titoli di Stato italiani (BTP 10 anni), aumenta quindi la rischiosità percepita delle finanze del nostro Paese.
Il rischio, e quindi il rendimento, dipendono dalla sostenibilità e dall'affidabilità dal soggetto emittente la cui valutazione è effettuata dalle *agenzie di rating*. Le più importanti sono *Standard & Poor's*, *Moody's* e *Fitch*. Il loro compito è quello di esprimere un giudizio neutro ed indipendente in merito alla solvibilità di un soggetto e alle capacità delle stesso di generare le risorse necessarie per soddisfare i suoi debitori. Una valutazione negativa presuppone un rischio maggiore e quindi porta ad un tasso d'interesse (costo del debito), da pagare più alto. Dal punto di vista del creditore, le commissioni rappresentano un elemento fondamentale da non trascurare per i titoli di Stato, in quanto spesso il rendimento è molto basso. In molte economie sviluppate, quelle considerate più stabili e sicure dal punto di vista finanziario, negli ultimi anni, tali strumenti finanziari hanno anche avuto rendimenti inferiori a zero.

Ridurre il rischio tramite le obbligazioni

Per costruire un buon portafoglio d'investimento potrebbe essere necessario includere al suo interno alcuni titoli obbligazionari, siano essi obbligazioni societarie o titoli di Stato. Lo scopo principale è quello di attuare una diversificazione che possa minimizzare il rischio. D'altronde, minore sarà la correlazione tra gli *asset* che compongono il portafoglio, minore sarà la probabilità di incorrere in possibili perdite. Azioni e obbligazioni, storicamente, hanno avuto correlazioni negativa, che, anche se non sempre mantenuta, ha portato al diffondersi di vari approcci che cerano l'equilibrio tra la parte del portafoglio da allocare in azioni e quella in obbligazioni. Tra i vantaggi derivanti dall'investire in obbligazioni, rispetto alle azioni, vi è sicuramente una maggiore sicurezza di riottenere il capitale per intero alla scadenza. Inoltre, a differenza dei dividendi azionari, il pagamento delle cedole appare più certo.

Una società potrebbe infatti decidere di non distribuire utili a causa di un'eventuale contrazione delle vendite. Le azioni sono sicuramente più performanti, ma più rischiose soprattutto nel breve termine: un'alta volatilità dei mercati azionari potrebbe mettere a dura prova il tuo *self-control*.

L'obiettivo principale di un portafoglio è quello di permetterti di dormire sogni tranquilli e allontanarti da ogni possibile stress. Le obbligazioni non offrono, quindi, rendimenti stellari, ma rappresentano nel contempo una potenziale fonte di stabilità per i tuoi investimenti.

I *futures*

Ti sei mai chiesto se fosse possibile investire in caffè, zucchero o bovini?

Tranquillo, non ti stiamo chiedendo di acquistare materialmente delle pecore (eccetto se il tuo sogno sia quello di costruire un'enorme fattoria). Stiamo parlando di strumenti finanziari, in particolare su *commodities*. Le materie prime sono classificate come beni fungibili (senza differenze qualitative), e sono facilmente scambiali sul mercato. Ne sono un esempio il petrolio o l'oro. Il termine deriva dal francese *commoditè* e significa "ottenibile comodamente". Le commodity possono costituire un'attività sottostante per diverse tipologie di *strumenti derivati*, in particolare per i *futures*. I derivati sono strumenti finanziari il cui valore dipende dal prezzo di un altro bene. Per comprendere al meglio come funziona un futures è necessario inizialmente prendere in considerazione i *contratti a termine*. Un contratto a termine è un accordo stipulato tra due parti che prevede il pagamento di un prezzo fissato oggi (t=0), in *un'epoca futura* (t=1) in cambio di una somma prefissata erogata successivamente (t=2). Un contratto non a termine è denominato contratto *a pronti*.

Prendiamo in esempio 2 società che operano nel mercato delle arance: una si occupa della loro raccolta (Arancio S.p.A.) mentre l'altra realizza un buon succo da vendere al dettaglio (Spremuta S.p.A.). È agosto, e Spremuta prevede di vendere nella prossima primavera circa 1 milioni di succhi. Essa è preoccupata che il prezzo delle arance possa aumentare a dismisura nei prossimi mesi sopportando per tal motivo dei costi maggiori (arance). Arancio è invece preoccupata che il relativo prezzo di vendita possa diminuire in futuro.

Qual è la soluzione? Stipulare un contratto a termine. Le parti si impegneranno a pagare/incassare in primavera il prezzo deciso oggi (in t=0), evitando così di sopportare l'eventuale volatilità del valore di mercato del bene.

Tuttavia, le due società avrebbero potuto semplificare il tutto ed evitare di accordarsi bilateralmente rivolgendosi ad un mercato specializzato in cui vengono negoziati dei contratti a termine standardizzati: i *futures*.

Esistono molte tipologie di futures. Un produttore di frumento e un proprietario di un mulino, ad esempio, potrebbero negoziare futures sul frumento al CBOT (*Chicago Board of Trade*). Una continua oscillazione del valore del bene, ma soprattutto del prezzo del contratto a termine è risolta dal sistema *Mark-to-Market*: vengono calcolati su base quotidiana il profitto e la perdita sul contratto e le compensazioni

avvengono attraverso delle c.d. *Clearing House*. I futures nascono con il fine di copertura di una posizione, minimizzando il rischio di eventuali ed improvvise variazioni dei prezzi.
Esistono anche futures su indici azionari, commodity e altre tipologie di strumenti finanziari. Per quanto riguarda le azioni, è bene tenere d'occhio i *futures* sugli indici di riferimento. In tal modo, si può conoscere in maniera accurata il sentiment del mercato, anche al di fuori dei normali orari di apertura delle borse. Le grandi banche, così come i fondi di investimento e le aziende, utilizzano questo strumento per coprire una posizione su un bene, quale potrebbe essere una materia prima utilizzata all'interno del processo produttivo. In termini di portafoglio d'investimento, i futures sono utili per coprire eventuali ribassi.

I bitcoin e la *blockchain*

Ti sei mai chiesto se sia possibile scambiare un bene su lunghe distanze, senza che vi sia il bisogno di un intermediario che convalidi il tutto?

La quasi totalità dei pagamenti avviene oggi per tramite di un ente. Transazioni del genere prevedono un costo, o meglio una commissione. Tuttavia, il mondo si sta muovendo sempre più verso una decentralizzazione delle attività, soprattutto finanziarie. Alla base vi è una tecnologia recente,

denominata *blockchain.* Essa rappresenta una *Fundamental Innovation* capace di cambiare radicalmente il sistema economico, politico e sociale in cui viviamo. La percezione che abbiamo del mondo che ci circonda potrebbe mutare considerevolmente. Una *blockchain* è una tecnologia altamente complessa che permette a persone ed a organizzazioni di stipulare degli accordi e di registrare informazioni in modo permanente, senza che vi sia l'intervento di un'autorità centrale. Uno degli obiettivi principali è quello di rafforzare la fiducia online, fornendo l'infrastruttura per una economia sempre più digitalizzata. Ogni transazione avviene in maniera decentralizzata ed è necessario che tutti i partecipanti alla *network* convalidino l'operazione (non più un'unica autorità). Ogni utente è in possesso di una versione autentica della rete (una sorta di libro mastro), e teoricamente non vi è la possibilità di effettuare alcun tipo di manomissione.
I bitcoin sono stata la prima criptovaluta ad essere scambiata tramite una tecnologia *blockchain.* Un bitcoin è una moneta digitale decentralizzata negoziabile tra individui in maniera istantanea senza che vi sia, ad esempio, l'intervento di una banca. La prima criptovaluta al mondo nasce nel 2008 dall'idea di Satoshi Nakamoto, autore anonimo (o gruppo di autori), di un famoso articolo in cui mostra come la crittografia combinata con un libro mastro digitale avrebbe potuto rappresentare il presupposto essenziale per implementare una valuta digitale. Nel momento in cui avviene uno scambio di bitcoin tra

due utenti i dettagli della transazione vengono immediatamente trasmessi alla rete in modo tale che l'operazione venga convalidata da tutti i partecipanti, tramite un processo automatico. Successivamente, tramite una procedura di *mining*, la transazione viene inserita in un blocco contenenti altri scambi. Chi effettua il *mining*, offrendo la sua capacità computazionale, riceve in cambio nuovi bitcoin. La difficoltà del processo di *mining* aumenta con una frequenza prestabilita, e l'offerta di bitcoin è strutturalmente limitata a circa 21 milioni. Da questo momento in poi è impossibile modificare le informazioni contenute (*principio di immutabilità*). Il valore di un bitcoin è sproporzionalmente aumentato nei primi anni dalla sua nascita sino al picco registrato nel 2017.

Sì, ma conviene investire in Bitcoin?

È semplice farsi influenzare dalla paura di una sua possibile bolla speculativa e quindi da un'improvvisa perdita di valore, così come dall'euforia di una salita. D'altronde, è accaduto e potrebbe riaccadere. Comprendere realmente il funzionamento dei bitcoin e soprattutto gli sviluppi futuri della tecnologia alla base è di fondamentale importanza, se si vuole investire. Anche in tal caso la citazione *"investi in ciò che conosci"* ha una straordinaria valenza. Inserire un asset del genere permetterebbe di diversificare ulteriormente il tuo portafoglio in quanto, di norma, debolmente correlato

all'andamento dei mercati azionari. In ogni caso, potrebbe essere opportuno non destinare un'alta percentuale del proprio portafoglio al bitcoin se si è molto avversi alle perdite, vista la sua elevata volatilità.
Oltre al bitcoin, esistono poi numerose criptovalute alternative, dette *altcoin*. La più famosa è *ethereum*, ma vi sono anche molte altre criptovalute emergenti, ognuna con determinate peculiarità, e la maggior parte di esse si fonda su infrastrutture blockchain.

I CFD

I CFD (*Contracts for Difference*) sono una tipologia di derivati, utilizzati spesso dagli investitori alle prime armi. Sarebbe meglio, tuttavia, se fossero più utilizzati dai professionisti che dai principianti, vista la loro elevata rischiosità.
Tali strumenti "copiano" l'andamento di un sottostante, che può essere una coppia di valute, un metallo prezioso, un'azione o molto altro, talvolta anche moltiplicandone per decine o centinaia di volte la variazione (tramite la c.d. *leva*), Quando il prezzo del sottostante varia, varia anche quello del derivato, con una correlazione prestabilita, positiva o negativa.
Tali strumenti presentano una struttura diversa dalle azioni, e anche dei costi diversi. Per tali ragioni, sono appunto generalmente sconsigliati a chi non è esperto in materia. Chi è esperto, invece, ha possibilità di ottenere forti guadagni nel breve termine utilizzando

opportune strategie di controllo del rischio. In ogni caso, sono uno strumento adatto alla speculazione e non all'investimento, anche in ragione del fatto che, spesso, ad essi sono associati degli ulteriori costi per mantenere la posizione per più di un giorno.

In poche parole:

Le azioni non rappresentano l'unico strumento esistente capace di accrescere la propria ricchezza nel tempo. Tra gli strumenti finanziari più importanti vi sono le obbligazioni. Esse sono dei titoli di debito (o di credito, dipende dal punto di vista) che offrono la possibilità di ottenere dei pagamenti periodici sotto forma di cedole, oltre che la restituzione del capitale prestato inizialmente. Il tasso d'interesse applicato ne rappresenta il rendimento (o il costo).
I titoli di Stato sono una particolare categoria di titoli obbligazionari e sono utili agli Stati per finanziare l'erogazione dei servizi destinati ai cittadini. Inserire all'interno del portafoglio delle obbligazioni permette di ridurre il rischio complessivo in quanto non correlate eccessivamente ai mercati borsistici e più sicure rispetto alle azioni. Un ulteriore opportunità sono i *futures*, strumenti derivati il cui valore dipende da un'attività sottostante, come il petrolio o l'oro. Infine, con uno sguardo al futuro, si potrebbe decidere di allocare una parte del proprio capitale in criptovalute come Bitcoin. Esse sono negoziabili su network decentralizzate, quindi senza l'intervento di autorità centrali, che prendono il nome di *blockchain*.

Capitolo 16.

Investimenti *green* e criteri ESG

L'uomo e la natura

Lo sviluppo industriale e tecnologico avvenuto a partire dal secolo scorso ha permesso ad una gran parte della popolazione mondiale di migliorare il grado di benessere della propria vita. Tuttavia, il progresso ha avuto come unico e principale obiettivo il benessere l'uomo, ignorando così le possibili conseguenze negative di contorno. Un qualsiasi tipo di attività prevede dei benefici e dei costi. Quest'ultimi possono essere monetari, fisici, mentali o ambientali. Si preferisce di solito ottenere dei risultati positivi nell'immediato, trasponendo ciò che vi è di negativo in un futuro più lontano possibile. È importante comprendere allora come, nel sacrificare il nostro pianeta, la decisione sia stata quella di non preoccuparsi dell'umanità stessa: per la precisione, delle future generazioni. La logica del profitto ha preso il sopravvento, determinando ciò che ora rappresenta la problematica più importante del XXI secolo.

Potremmo considerare il surriscaldamento del nostro pianeta come un cigno nero, o meglio come un evento inaspettato e raro?

Probabilmente no. È fondamentale ricordare come il tutto sia la conseguenza del comportamento irresponsabile, non di un unico soggetto, ma di un'intera società, attraverso più generazioni.
Potrebbe essere strano pensare che un fenomeno (capitalismo) di così grande portata non abbia spinto gli individui (in particolar modo i vertici) del secolo scorso a domandarsi se le attività intraprese non avrebbero in futuro impattato in maniera negativa sulla natura. Il disagio che oggi stiamo vivendo era quindi, con una certa probabilità, prevedibile. Da un altro punto di vista, si potrebbe però pensare che uno sfruttamento così intenso del pianeta fosse necessario per cercare di migliorare la qualità delle nostre vite, e che arrivati al punto limite si sarebbe cercata e trovata una soluzione. Non ci resta che avere fiducia in noi stessi e nelle capacità dell'uomo di trovare sempre una soluzione ottimale. D'altronde ci piacciono il rischio, le sfide e la voglia di superarci continuamente.

Una problematica di grande portata può essere accompagnata da una soluzione di altrettanto valore.

Appare quindi necessario che sia l'intera umanità a cambiare, che siano le abitudini, il modo di pensare, la politica, le imprese e infine il singolo ad occuparsi del mondo in cui viviamo. Per questa ragione, negli ultimi anni si è sviluppata una forma di pensiero che pone l'ambiente tra gli aspetti fondamentali da considerare nel momento in cui si assume una decisione.

In ambito economico si fa riferimento alla c.d. *Green Economy*, una metodologia che prevede la ricerca di un equilibrio, o meglio di un'armonia, tra l'uomo e l'ambiente nelle attività economiche (produzione, distribuzione, commercio, consumo...). Si studia in che modo gli effetti derivanti dallo svolgersi di tali attività possano essere contenuti o favoriti. Le decisioni sono il risultato del confronto di più interessi: essi rappresentano la radice di un particolare scopo, di natura individuale e collegiale. L'armonia di cui sopra non si concretizzerà fin quando non avrà luogo un perfetto equilibrio tra i vari interessi. Un obiettivo non semplice ma realizzabile.

Le nuove tecnologie consentiranno di sfruttare in maniera più efficace le numerose fonti rinnovabili (*Green Technologies*). Nasceranno così mercati innovativi: dalla produzione ingegneristica di macchinari/servizi più sostenibili, alla raccolta dell'energia e alla sua distribuzione su larga scala con nuove metodologie. In un mondo che sta cambiando, espressione di una nuova generazione (di cui fanno parte i *Millennials* e la *Generazione Z*) che

incarna appieno i valori finora citati, si concretizza sempre più una logica d'investimento che sia caratterizzata dal rispetto di alcuni criteri, diversi dalla sola capacità di creare reddito o di far fronte ai debiti contratti.
I criteri ESG (*Environmental, Social, Governance*) sono utilizzati in ambito finanziario nel momento in cui si decide di investire in quelle attività che non trascurano gli aspetti di natura ambientale, sociale e di *governance*.
Si sceglie di inserire un titolo all'interno del proprio portafoglio o indice solo se l'impresa favorisce con un certo grado di efficacia il rispetto di questi valori.
Rispettare l'ambiente, i diritti umani e garantire un'amministrazione di qualità rappresentano i presupposti essenziali per creare valore in futuro e per sopravvivere nel tempo, anche a causa di una crescente attenzione da parte dei consumatori. In tal modo, potrebbe essere più semplice individuare le società giuste in cui investire se si ha una strategia di lungo periodo. Tuttavia, è presto per escludere il rischio di una possibile bolla speculativa, soprattutto se si ha in mente di investire in società *Pure-Play* che basano il proprio modello di business unicamente su attività green. Negli ultimi anni, è incrementata la domanda per quei prodotti, finanziari e non, che rispettano l'ambiente.
Il consumatore tipo per molte imprese è ormai quello che osserva sull'etichetta se il prodotto sia stato realizzato in maniera eco-sostenibile. Specie i più giovani, oggi, si fidano di una società più

intensamente quando essa ha la reputazione di essere socialmente o ecologicamente responsabile. Le imprese hanno quindi la consapevolezza che minimizzare l'impatto ambientale sia un importante punto di forza. Un'adeguata campagna di (*green*) marketing potrebbe determinare un incredibile incremento delle vendite. L'impresa non è più un'entità isolata, deve rapportarsi continuamente con ciò che la circonda e con i cambiamenti. Solo le società che avranno compreso al meglio l'evolversi delle varie situazioni potranno consolidare un buon vantaggio competitivo. I criteri ESG sono quindi un indice essenziale di qualità. Le informazioni di cui hai bisogno per capire se una società rispetta o meno questi criteri sono contenute all'interno del *Bilancio di Sostenibilità*.

Nel grafico osserviamo come il rispetto dei criteri ESG, singolarmente e in maniera combinata, rappresenti il presupposto per una buona performance aziendale.

Correlazione tra criteri ESG e performance aziendale: % degli studi (circa 2000) che hanno riscontrato una correlazione negativa o ***positiva****.*

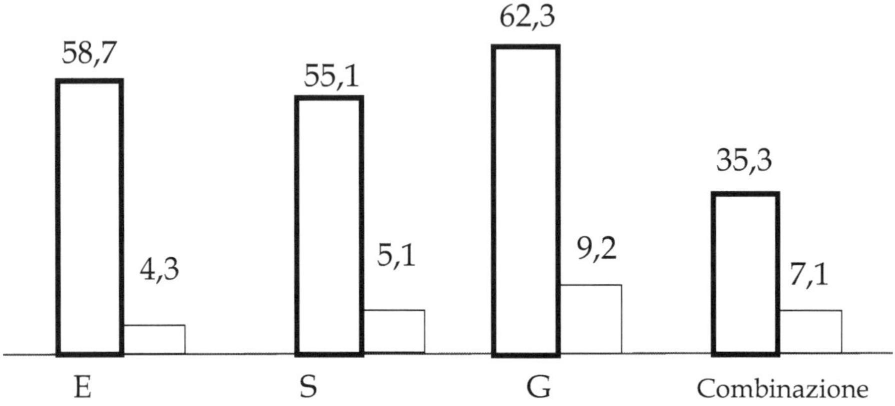

Diverse società di intermediazione finanziaria e di analisi provvedono a pubblicare sui loro siti web, in maniera gratuita o a pagamento, i punteggi ESG delle società quotate aggiornati. Essi indicano, appunto, la performance in base ai criteri ESG. Sulla base di tali punteggi, si possono trovare anche degli ETF che riproducono indici basati su società che rispettano questi criteri ambientali e non solo: tali strumenti finanziari sono molto in voga oggi. Anche influenti società di gestione degli investimenti, come BlackRock, hanno espresso il loro favore verso politiche maggiormente sostenibili nelle imprese in cui detengono partecipazioni.

Finanza etica

Nel paragrafo precedente abbiamo accennato come negli ultimi anni si stia affermando una nuova logica d'investimento. Gli individui non si preoccupano unicamente del possibile rendimento monetario del portafoglio ma desiderano che il proprio denaro sia utilizzato dalle società in maniera responsabile e sostenibile.
Si fa quindi riferimento alla c.d. *finanza etica*. Essa presuppone che si debba raggiungere il miglior risultato possibile, tenendo conto però degli interessi di tutti.
Potrebbe essere ambiguo associare l'etica ad una disciplina che pone il profitto come unico e fondamentale obiettivo di vita. La speculazione non realizza alcun tipo di scopo sociale o ambientale. L'interesse principale di chi specula è quello di guadagnare nel più breve tempo possibile, e nulla importa se una società scarica del materiale inquinante nei nostri mari, o se il prodotto offerto è confezionato da un minore in un Paese povero.
È quindi di estrema importanza comprendere la notevole differenza che sussiste tra l'investire e lo speculare. Si investe perché si crede non solo nella società, ma anche nei suoi valori. Le azioni che compri sono di *tua* proprietà.

Hai mai acquistato un prodotto che non rispecchia la tua personalità o che in qualche modo potrebbe farti sentire a disagio con te stesso e con gli altri?

Le società nelle quali si investe, allo stesso modo, sono speso il riflesso delle proprie convinzioni e dei propri principi. Riusciranno a sopravvivere nel tempo solo quelle società che hanno la capacità di creare valore non solo per gli azionisti ma per tutti coloro che sono coinvolti direttamente o indirettamente dall'attività dell'impresa stessa, clienti *in primis*. Il mondo è ormai troppo interconnesso e dinamico per potersi concentrare unicamente sul profitto.

Servirebbe forse una maggiore regolamentazione delle attività finanziarie?

Esiste in proposito un corposo dibattito economico, in corso da decenni e oltre. Sicuramente, sarebbe necessaria una trasparenza maggiore. Sono regolamentazioni e leggi gli ingredienti fondamentali per indurre gli individui a non prendere decisioni che potrebbero determinare delle fattispecie negative (economiche e non).
Le conseguenze, volontarie o meno, e anche indirette, di un'attività economica vengono dette *esternalità* positive o negative. Tra quelle negative, quella più frequentemente considerata è l'inquinamento.

Il denaro dovrebbe essere il mezzo, e non lo scopo.

In poche parole:

Il capitalismo si basa sulla creazione di valore nel tempo, o meglio sulla realizzazione di profitti sempre più alti. Un obiettivo del genere ha distratto l'uomo dal considerare tutto ciò che vi è di contorno, in particolar modo l'ambiente. Oggi, si è raggiunto un punto oltre il quale non si ha la possibilità di nascondere le catastrofiche conseguenze causate da un'attività umana spesso ingiustificata.
È per questo motivo che un numero sempre maggiore di società ha deciso di intraprendere una strada opposta rispetto a quella perseguita finora, considerando la salvaguardia del nostro pianeta tra gli obiettivi principali da realizzare.
Seguendo la *Green Economy*, ogni decisione assunta dovrebbe ricercare un'armonia tra l'uomo e l'ambiente. Un tale approccio riflette i c.d. criteri ESG (*Environmental, Social, Governance*). Si investe in quelle società che rispettano appieno la natura, i diritti umani e che prevedano un'amministrazione di qualità. Una nuova logica d'investimento, plasmata da una più ampia ricerca etica e morale, è pronta a sorgere, anche con l'appoggio di *player* importanti.

Capitolo 17.

In pratica: acquisto, imposte e informazioni

Come si acquistano le azioni

Fino a qualche decennio fa, le azioni erano rappresentate da veri e propri pezzi di carta. Oggi, chiaramente, non è più così. Le azioni sono un bene *immateriale*, a seguito del processo di digitalizzazione dei mercati finanziari. Il fatto che le azioni siano immateriali consente non solo una maggiore tracciabilità delle stesse, ma anche e soprattutto, permette un rapidissimo trasferimento da un soggetto ad un altro.
Volendo acquistare azioni, un investitore ha davanti a sé diverse alternative. Innanzitutto, bisogna distinguere 3 categorie di investitori, anche sulla base delle osservazioni sulla consulenza fatte in precedenza:

- Chi gestisce in autonomia i propri investimenti;
- Chi si avvale del supporto di un consulente finanziario per *aiuto* e *consigli* nella

costruzione del portafoglio, che però è poi l'investitore stesso a provvedere a costruire mediante l'acquisto degli strumenti scelti;
- Coloro che, infine, lasciano ad un esperto tutte le decisioni di investimento sul loro portafoglio.

Nel primo caso, un investitore individuale si trova davanti alla scelta tra un intermediario che chiameremo tradizionale, oppure uno *non tradizionale*. Gli intermediari tradizionali sono i grandi istituti finanziari e le banche. Con essi, il vantaggio, oltre che una più stretta regolamentazione, è quello di un'ampia scelta degli strumenti finanziari da comprare. Tuttavia, le commissioni di acquisto e vendita degli strumenti, nonché i costi di custodia titoli, sono solitamente maggiori, anche se la tendenza generale è quella di un abbassamento delle commissioni da parte di questi istituti, proprio a causa della concorrenza di nuovi entrati. Specularmente, vi sono intermediari finanziari nuovi, derivanti dalla sempre maggiore diffusione delle tecnologie finanziarie (*Fintech*), anche presso il grande pubblico. Con tali intermediari, il vantaggio più evidente è quello di commissioni minori (a volte nulle), ma spesso vi è una forte limitazione agli strumenti disponibili per la compravendita e/o altri costi. Il consiglio generale è quello di affidarsi sempre ad un intermediario finanziario affidabile e sicuro, regolato da istituzioni italiane o comunitarie. È bene controllare fino a quale soglia vi è una copertura in caso di problemi. La scelta della tipologia dipende dagli stessi molteplici fattori che influenzano gli obiettivi di investimento: patrimonio, età, tempo da dedicare agli investimenti, attitudine e molto altro.

La tassazione sui guadagni legati alle azioni

Finora, non abbiamo trattato uno degli argomenti più spinosi (e meno piacevoli), per gli investitori. Come per ogni altro guadagno (vendita di prodotti o servizi, lavoro dipendente, royalties o altro), anche i guadagni ottenuti nel mercato finanziario vengono tassati.

La funzione delle tasse (il termine corretto è *imposte*, in questo caso), è quella di finanziare le spese dello Stato. Nel caso delle azioni, dunque, lo Stato può essere (idealmente), considerato come un portatore di interessi diretto, come l'investitore stesso, poiché riceve una parte dei profitti.

Come sappiamo, con le azioni è possibile guadagnare in due modi: con l'aumento del prezzo delle azioni (se le azioni vengono vendute ad un prezzo maggiore rispetto a quello di acquisto), e con i dividendi (ricevuti nel caso le azioni vengano mantenute nel portafoglio).

In generale, i dividendi sono considerati meno efficienti fiscalmente rispetto al *capital gain*, poiché le imposte su quest'ultimo si pagano soltanto alla

fine, al momento dell'eventuale vendita in profitto.
Dal punto di vista fiscale, nel nostro Paese, i dividendi, così come interessi, cedole, redditi da rendite su prestazioni pensionistiche, plusvalenze su ETF, sono attualmente considerati "redditi di capitale". Dall'altro lato, il guadagno derivante dalla vendita delle azioni ad un prezzo più alto di quello di acquisto, il c.d. *capital gain*, viene incluso nei "redditi diversi".

Quindi... Quante imposte si pagano?

I redditi da capitale, quindi i dividendi, in riferimento a società italiane, vengono tassati al 26%.
Dunque, per ottenere il rendimento *netto* da dividendo, bisognerà moltiplicare il rendimento *lordo* prima descritto per 0,74. Su 100€ erogati per le azioni di un'impresa italiana, si riceveranno 74€ netti. Per le società estere, è possibile ottenere, con procedure talvolta costose e che richiedono anche il supporto di esperti, di evitare la doppia tassazione. Tuttavia, questo procedimento non viene effettuato dalla maggior parte degli investitori comuni per la sua complessità e poca convenienza economica.
Di norma, infatti, sulle società estere si pagano le imposte due volte: prima nel Paese della società, poi in Italia, a seconda di accordi bilaterali o usi e consuetudini internazionali. Ad esempio, ricevendo 100$ in dividendi da azioni statunitensi, tale somma sarà prima assoggettata alla tassazione americana del 15%, poi a quella italiana del 26%. Alla fine, si

riceveranno soltanto 62,9$ netti. Dunque, è bene conoscere la tassazione del Paese in cui si vuole investire. In questa tabella adattata da dati da Dichiarativo.com, vediamo qual è l'imposta da pagare sui dividendi di vari Paesi, prima di pagare l'imposta italiana.

Paese:	**Aliquota:**
Australia	0%
Regno Unito	0%
Grecia	10%
USA	15%
Paesi Bassi	15%
Spagna	19%
Germania	25%
Svizzera	35%

Nel caso del *capital gain*, considerato, come abbiamo visto, tra i "reddito diversi", la percentuale da pagare è anche qui del 26% sul profitto. Acquistando 10 azioni di una società a 840€ l'una, con un investimento complessivo di 8.400€, e rivendendole successivamente sul mercato a 950€ l'una, per un totale di 9.500€, si realizza un profitto di 1.100€. Per ottenere l'ammontare netto, basta togliere il 26%, ottenendo quindi un guadagno effettivo di 814€. Rispetto ai dividendi, però, vi sono delle differenze.

Innanzitutto, per le azioni di società estere, non vi è alcuna doppia tassazione (il guadagno generato dalla compravendita, infatti, viene effettivamente generato in Italia, non nel Paese della società, come nel caso dei dividendi della stessa). Inoltre, nel caso di azioni vendute in perdita (c.d. *minusvalenze*), esse potranno essere riutilizzate, nel termine di 4 anni, per compensare le imposte da pagare su eventuali plusvalenze realizzate. Se, l'anno prima dell'acquisto delle azioni dell'esempio precedente, avessimo venduto azioni in perdita, realizzando una minusvalenza di 800€, allora quel *capital gain* sarebbe stato tassato diversamente. Infatti, avremmo potuto pagare le imposte del 26% *non* su tutti i 1.100€ di questa operazione, ma bensì sulla differenza tra questi e la somma persa l'anno precedente, andando a ricevere non più 814€ netti, ma 1.022€.

Per quanto riguarda gli altri strumenti finanziari, le plusvalenze realizzate attraverso gli ETF sono considerate "redditi di capitale", e non possono quindi essere compensati tramite minusvalenze.

Per i Titoli di Stato italiani ed esteri (ma non di tutti i Paesi), invece, l'aliquota da pagare allo Stato è pari al 12,5%.

Come si pagano tutte queste imposte?

Solitamente, le imposte sui guadagni sulle azioni vengono pagate in due modalità, a seconda dell'intermediario di riferimento.
Con la prima, l'investitore non deve fare nulla, sarà l'istituto bancario o finanziario a cui si rivolge per fare da intermediario ad assumersi la responsabilità di fargli arrivare soltanto la parte netta, immediatamente e per ogni operazione. Si parla in questo caso di *regime amministrato*. Nel caso in cui, al contrario, sia l'investitore a doversi occupare della dichiarazione di quei redditi e del pagamento delle imposte, si parla di *regime dichiarativo*. Il vantaggio del regime amministrato è quello di non dover fare nulla per pagare le imposte sui guadagni registrati, mentre per il regime dichiarativo si ha il vantaggio di poter disporre per più tempo delle somme *lorde*, prima di dover pagare le imposte in date prefissate.
Inoltre, si paga un'*imposta di bollo* in percentuale sul valore del conto degli investimenti, lo 0,20%, che però viene esclusa per portafogli "piccoli".
In ogni caso, la disciplina fiscale italiana, e non solo, è in continuo aggiornamento: abbiamo riportato i dati più recenti, ma la tassazione potrà variare con nuove leggi.
Consigliamo sempre di confrontarsi con un esperto di aspetti fiscali e di cercare i dati più aggiornati.

Informarsi sul mondo della finanza

Come posso informarmi sulle società? Sul loro andamento e sui parametri?

Al giorno d'oggi, siamo molto fortunati. Si può rispondere con una parola sola: *Internet*.
Pressoché tutti i parametri finanziari e di business che possono interessare ad un investitore individuale sono disponibili gratuitamente sul web. I bilanci delle società quotate, italiane e non, sono facilmente consultabili. Vi sono numerosi portali specializzati, alcuni per azioni, altri per ETF, altri ancora per varie tipologie di strumenti finanziari, tutti estremamente affidabili.
Vediamo alcuni consigli da tenere a mente quando si cercano informazioni finanziarie online:

- Cercare anche in *inglese*. Sono sempre di più i siti e portali finanziari specializzati disponibili in italiano. Senza dubbio, però, cercando in inglese si possono trovare informazioni dettagliate e disponibili in quantità molto maggiore.

- Utilizzare il *sito web della società*. Forse sembra troppo scontato, per questo molto investitori alle prime armi potrebbero dimenticarsi di consultare il sito della società in cui vogliono investire. Invece, è molto conveniente e può contenere informazioni uniche (bisogna sempre tenere a mente che, nei limiti del fattibile, una società proverà ad apparire nel miglior modo possibile agli investitori). Lo stesso vale per gli ETF: consultare il sito dell'emittente è utile e porta a visualizzare informazioni sicuramente corrette e aggiornate.

- Verificare con *più fonti*. A meno che non vi sia la totale certezza che i dati trovati siano corretti e aggiornati, è sempre meglio confrontare tali dati con altre fonti. Non sarebbe per niente buono basare i propri investimenti su informazioni sbagliate. Per evitare confusioni tra vari strumenti finanziari, è consigliabile fare riferimento al ticket oppure all'ISIN dello strumento stesso.

Anche articoli accademici (sempre disponibili sul web), giornali (anch'essi, volendo, disponibili sul web), video di professionisti e non, e altri articoli specializzati, sono risorse molto importanti per un investitore individuale. Inoltre, è molto importante tenere sotto controllo anche le notizie non prettamente finanziarie o economiche, che possono influenzare fortemente il mercato, come abbiamo visto.
Perché no, anche i *social media* possono essere un ottimo mezzo per ottenere notizie e informazioni affidabili e aggiornate sul mondo degli investimenti.

In poche parole:

Al giorno d'oggi, acquistare azioni e altri strumenti finanziari è molto facile, grazie alla presenza non solo di istituti di intermediazione tradizionali, ma anche di molte piattaforme che stanno emergendo grazie alla digitalizzazione.
Un investitore individuale può scegliere di operare in autonomia oppure di affidarsi ad un consulente finanziario in parte o del tutto. Scegliendo di operare da solo, l'investitore può appunto scegliere tra banche e enti tradizionali o piattaforme online, a seconda delle sue esigenze e delle sue caratteristiche.
I guadagni ottenuti con azioni e altri strumenti finanziari sono tassati. Sul *capital gain* delle azioni, l'imposta è del 26% sul profitto realizzato, qualsiasi sia la provenienza geografica della società. Sui dividendi, bisogna distinguere a seconda che la società sia italiana, con aliquota al 26%, o estera, con la medesima aliquota da sommare a quella del Paese di riferimento. In caso di minusvalenze su azioni, esse possono essere utilizzate per compensazione. Le imposte sui profitti derivanti dalle transazioni finanziarie vengono pagate o dall'istituto finanziario che fa da intermediario (con il c.d. *regime amministrato*), o autonomamente, da parte dell'investitore (*regime dichiarativo*).
Per ogni strumento finanziario, è bene tenere in considerazione le ultime novità normative in merito e consultarsi con esperti in materia fiscale.

La risposta alla domanda “dove posso informarmi sul mondo finanziario?” è oggi una sola parola: *Internet*.

Bibliografia:

Angner, E. (2017). Economia Comportamentale: Guida alla Teoria della Scelta. Hoepli.

Arano, K., Parker, C., & Terry, R. (2010). Gender-based risk aversion and retirement asset allocation. Economic Inquiry, 48(1), 147-155.

Bernheim, B. D., Whinston, M. D., Zanetti, G., Vannoni, D., & Boffa, F. (2009). Microeconomia. McGraw-Hill.

Bogle, J. C. (2017). The Little Book of Common Sense Investing: The Only Way to Guarantee Your Fair Share of Stock Market Returns. John Wiley & Sons.

Boucher, P., Nascimento, S., & Kritikos, M. (2017). How blockchain technology could change our lives. European Parliamentary Research Service.

Brealey R.A., Myers S. C., Sandri S., Principi di finanza aziendale, McGraw-Hill, Milano 2011

Campobasso, M., & Campobasso, G. (2014). Diritto commerciale, 3, Contratti, Titoli di credito, Procedure concorsuali, 5a edizione (pp. 1-488). Utet giuridica.

Cartwright, E. (2018). Behavioral economics. Routledge.

Create, M. H., Nadotti, L., Porzio, C., Previati, D., Saunders, A., Cornett, M. M., Sabrina, L. et al., Manuale di economia degli intermediari finanziari.

DellaVigna, S. (2009). Psychology and economics: Evidence from the field. Journal of Economic

literature, 47(2), 315-72.
di Salvatore A., Franceschi F., Neri A. & Zanichelli F.. (2018). Measuring the financial literacy of the adult population: the experience of Banca d'Italia. Bancaditalia.it
Fontanills, G. A. (2017). Getting started in commodities (Vol. 70). John Wiley & Sons.
Graham, B., Cottle, S., Tatham, C., & Dodd, D. L. (1962). Security analysis: Principles and technique.
Hutchinson, E., Nicholson, M., Lukenchuk, B., & Taylor, T. (2017). Principles of Microeconomics. University of Victoria.
Just, D. R. (2013). Introduction to behavioral economics. Wiley Global Education.
Kahneman, D. (2015). Pensieri lenti e veloci (2011). Milano: Mondadori.
Lyons, T., Courcelas, L., Grandsenne, J., Carrel, E., & Timsit, K. (2018). Blockchain Innovation in Europe. In European Union Blockchain Observatory and Forum.
Maxfield, S., Shapiro, M., Gupta, V., & Hass, S. (2010). Gender and risk: Women, risk taking and risk aversion. Gender in Management: An International Journal, 25(7), 586–604
Moriconi F., (1995) Matematica finanziaria. il Mulino
Neal, L. (2005). Venture Shares of the Dutch East India Company. The origins of value: The financial innovations that created modern capital markets, 165-175
Olivieri G. et al. (2017). Matematica Finanziaria,

Pearson, 2017.
Perloff, J. M. (2014). Microeconomics, 7th ed. Pearson Education.
Ricciardi A. (2019). L'analisi di bilancio per la valutazione dei rischi (seconda edizione). Franco Angeli.
Rosen H. S., Gayer T. (2018), Scienza delle finanze. McGrawHill
Saunders A. (2015). Economia degli intermediari finanziari. Terza Edizione. McGrawHill
Smith, B. M. (2004). A history of the global stock market: from ancient Rome to Silicon Valley. University of Chicago press.
Taleb, N. N. (2009). Il cigno nero. Come l'improbabile governa la nostra vita (Vol. 77). Il saggiatore.
Thiel, P. A., & Masters, B. (2014). Zero to one: Notes on startups, or how to build the future. Currency.

Sitografia:

Adviseonly.Com
Ansa.It
Bancobpm.It
Belgiumview.Com
BlackRock.com
Bloomberg.Com
Borsaitaliana.It
CNBC.Com

Cnbc.Com
Credit-Suisse.Com
Csimarket.Com
Dichiarativo.Com
Enciclopedia Britannica
Europarl.Europa.Eu
Fool.Com
Inflation.Eu
Insight.Factset.Com
Investopedia.Com
Marketreview.Com
Morningstar.Com
Msci.Com
Nasdaq.Com
Nyse.Com
Nytimes.Com
Pages.Stern.Nyu
Siblisresearch.Com
Treccani.It
Valuewalk.Com
Wallstreetitalia.Com
Wccftech.Com
Yardeni.Com
YouTube.com

Printed by Amazon Italia Logistica S.r.l.
Torrazza Piemonte (TO), Italy

17253984R00151